U0878147

广西全民阅读书系

文字的奥秘·从我说起

杨一铎 著

广西全民阅读书系

小学版

广西出版传媒集团 广西人民出版社

图书在版编目（CIP）数据

文字的奥秘.从我说起 / 杨一铎著.-- 南宁：广西人民出版社，2025.4.-- ISBN 978-7-219-11882-5

Ⅰ.H12-49

中国国家版本馆 CIP 数据核字第 20240NF661 号

WENZI DE AOMI · CONG WO SHUO QI

文字的奥秘 · 从我说起

总 策 划　利来友

监　　制　赵彦红　吴小龙

统　　筹　罗　雯　张均华

责任编辑　曾蔚茹

助理编辑　王晓雪

责任校对　周月华

装帧设计　李彦媛　黄妙婕　杨若媛　王程媛

责任印制　吴　琼

出 版 人　唐　勇

出　　版　广西人民出版社

广西南宁市桂春路 6 号　邮政编码　530021

发行电话　0771-5523338

印　　装　广西民族印刷包装集团有限公司

开　　本　710mm × 1030mm　1/16

印　　张　12.25

字　　数　86 千字

版次印次　2025 年 4 月第 1 版　2025 年 4 月第 1 次印刷

书　　号　ISBN 978-7-219-11882-5

定　　价　34.00 元

目录

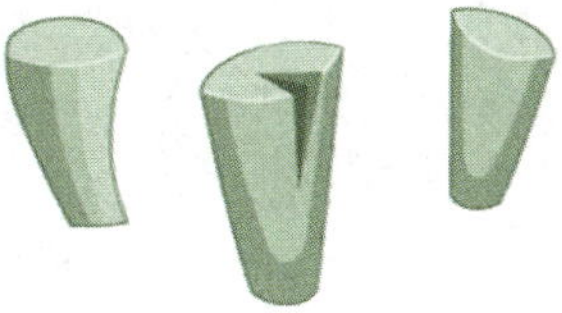

我

wǒ zì shì hàn yǔ zhōng yòng lái zì chēng de dài cí shì
“我”字是汉语中用来自称的代词，世
jiè shàng yǒu duō shǎo gè rén jiù huì yǒu duō shǎo gè jù tǐ de wǒ
界上有多少个人就会有多少个具体的“我”
de rén wù xíng xiàng dàn shì zhè ge néng zhǐ dài bù tóng de rén
的人物形象。但是，这个能指代不同的人
de wǒ zì tā de zì xíng jié gòu què hé rén tǐ xíng xiàng xiāng
的“我”字，它的字形结构却和人体形象相
chà hěn yuǎn nà tā shì zěn me lái de ne qí shí zài jiǎ gǔ
差很远，那它是怎么来的呢？其实，在甲骨
wén jīn wén zhōng wǒ zì de xíng xiàng shì yì zhǒng shǒu bǐng hěn
文、金文中，“我”字的形象是一种手柄很
cháng tóu bù xiàng dāo chā yàng zi de bīng qì yīn wèi zhè zhǒng bīng
长、头部像刀叉样子的兵器，因为这种兵
qì néng bǎo hù zì jǐ bú shòu shāng hài rén men lí bù kāi tā suǒ
器能保护自己不受伤害，人们离不开它，所
yǐ gǔ rén jiù yòng tā lái zhǐ dài zì jǐ hòu lái dào xiǎo zhuàn
以古人就用它来指代自己。后来，到小篆、
lì shū shí wǒ zì biàn de měi guān qǐ lái dàn lí bīng qì de
隶书时，“我”字变得美观起来，但离兵器的
xíng xiàng yě yuè lái yuè yuǎn wǒ men zhǐ néng cóng tā de yòu bàn biān
形象也越来越远，我们只能从它的右半边
zì xíng gē miǎn qiǎng yì huì dào bīng qì de hán yì xiǎo péng
字形“戈”勉强意会到兵器的含义。小朋
you yuán lái wǒ shì yòng yì zhǒng bīng qì lái zhǐ dài de tí xǐng
友，原来“我”是用一种兵器来指代的，提醒
dà jiā yào bǎo hù zì jǐ nà me nǐ yě yào xué huì bǎo hù zì
大家要保护自己，那么你也要学会保护自
jǐ yo
己哟！

wǒ zì de yǎn biàn
【“我”字的演变】

甲骨文　金文　小篆　隶书　简体字

yīng yǔ yì diǎn tōng
【英语一点通】

“我”的英文是 I。英文中，I 是主格人称代词，当“我”作宾格人称代词时，则用 me 表示。另外，I 也是英文的第九个字母，和“眼睛”的英文 eye 读音一样。比如 a pair of bright eyes 的意思是“一双明亮的眼睛”，其中 pair 表示“一双”，bright 指“明亮的”。

jì yǔ xiǎo dú zhě
【寄语小读者】

tiān shēng wǒ cái bì yǒu yòng shì wǒ guó táng dài dà shī rén
“天生我材必有用”是我国唐代大诗人
lǐ bái zài shī gē qiāng jìn jiǔ zhōng xiě de yí jù huà yì si
李白在诗歌《将进酒》中写的一句话，意思
shì shuō shàng tiān jì rán ràng wǒ jiàng shēng bìng fù yǔ wǒ cái
是说：上天既然让我降生并赋予我才
gàn nà me bì rán jiù huì ràng wǒ yǒu chéng jiù zì jǐ yì fān zuò
干，那么必然就会让我有成就自己一番作
wéi de dì fang zhè jù huà gào su wǒ men měi gè rén dōu yǒu
为的地方。这句话告诉我们，每个人都有
tā cún zài de jià zhí wǒ men yào duì zì jǐ de cái néng yǒu xìn
他存在的价值，我们要对自己的才能有信
xīn xiǎo péng you nǐ yě yào xiāng xìn zì jǐ huì hěn bàng
心。小朋友，你也要相信自己会很棒！

自

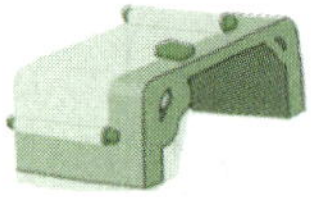

zài yǔ rén jiāo tán shí rén men tí dào zì jǐ shí huì fǔ yǐ
在与人交谈时，人们提到自己时会辅以
shǒu shì yǒu rén huì yòng shǒu pāi zì jǐ de xiōng pú hái yǒu rén huì
手势，有人会用手拍自己的胸脯，还有人会
yòng shǒu zhǐ zì jǐ de bí zi dà gài wǒ men de zǔ xiān gèng cháng
用手指自己的鼻子。大概我们的祖先更常
yòng hòu yì zhǒng shǒu shì yīn cǐ tā men gān cuì bǎ yuán běn biǎo shì
用后一种手势，因此他们干脆把原本表示
bí zi de zì zì jiè yòng lái zhǐ chōu xiàng de gài niàn zì
鼻子的“自”字借用来指抽象的概念——自
jǐ tóng shí yòu lìng zào le yí gè zì bí lái biǎo shì zì de
己，同时又另造了一个字“鼻”来表示“自”的
běn lái hán yì bí zi jiǎ gǔ wén de zì jiù shì yí gè
本来含义——鼻子。甲骨文的“自”就是一个
bí zi de xiàng xíng shàng bàn bù fen biǎo shì bí liáng xià bàn bù
鼻子的象形：上半部分表示鼻梁，下半部
fen zhǐ liǎng gè bí kǒng dào jīn wén zì hái shi bí zi de xíng
分指两个鼻孔。到金文，“自”还是鼻子的形
zhuàng dàn yǐ yuǎn bù rú jiǎ gǔ wén shēng dòng xiǎo zhuàn chéng xí
状，但已远不如甲骨文生动。小篆承袭
jīn wén qiáng diào le zì xíng de gōng zhěng lì shū yuán cǐ xiě zuò
金文，强调了字形的工整，隶书缘此写作
zì zì xíng yě bìng méi yǒu tài dà biàn huà zì chú le biǎo
“自”，字形也并没有太大变化。“自”除了表
shì zì jǐ hái yǒu cóng yóu de yì si rú zì gǔ yǐ
示自己，还有“从、由”的意思，如“自古以
lái děng yě kě yǐ zuò fù cí zhǐ dāng rán zì rán rú
来”等；也可以作副词，指“当然、自然”，如
zì bú dài yán zì shēng zì miè děng
“自不待言、自生自灭”等。

zì zì de yǎn biàn

【“自”字的演变】

甲骨文　金文　小篆　隶书　简体字

yīng yǔ yì diǎn tōng

【英语一点通】

“自”的英文是 self，意思是“自己、自我、本身”等。英文中有句谚语：“Self do，self have.”意思是“自作自受”。self 一般作可数名词，另有一个代词 oneself 也指“自己、自身、亲自”等，一般表示强调。如“One must do it oneself.”意思就是“那件事一定要亲自做”。

cí yǔ jù bǎo pén

【词语聚宝盆】

zì bào zì qì yǔ chū mèng zǐ yì si shì zì jǐ
“自暴自弃”语出《孟子》，意思是“自己
zāo tà zì jǐ zì jǐ bǐ qì zì jǐ xíng róng bù zhī zì ài
糟蹋自己、自己鄙弃自己”，形容不知自爱、
gān yú luò hòu bào zāo tà qì bǐ qì lì rú bú yào
甘于落后。暴：糟蹋；弃：鄙弃。例如，不要
yīn wèi yí cì de shī bài ér zì bào zì qì yǔ zì bào zì
因为一次的失败而自暴自弃。与“自暴自
qì jìn yì de cí yǒu wàng zì fěi bó zì cán xíng huì fǎn
弃”近义的词有“妄自菲薄、自惭形秽”，反
yì de cí yǒu wàng zì zūn dà zì gāo zì dà yè láng zì
义的词有“妄自尊大、自高自大、夜郎自
dà zì mìng bù fán mù kōng yí qiè děng
大、自命不凡、目空一切”等。

目

yǎn jing shì xīn líng de chuāng hu shì wǒ men guān chá shì
眼睛是心灵的窗户，是我们观察事
wù chuán dì qíng gǎn de zhòng yào qì guān mù shì yǎn jing de
物、传递情感的重要器官。“目”是眼睛的
shū miàn yǔ yě shì gǔ rén hěn zǎo jiù zào chū lái de yí gè xiàng
书面语，也是古人很早就造出来的一个象
xíng zì zài jiǎ gǔ wén jīn wén zhōng mù zì xíng xiàng bī
形字。在甲骨文、金文中，“目”字形象逼
zhēn shì rén de yì zhī yǎn jing de lún kuò lǐ miàn de xiǎo quān jí
真，是人的一只眼睛的轮廓，里面的小圈即
biǎo shì yǎn qiú dàn dào xiǎo zhuàn yǎn jing de tú xíng bèi shù qǐ
表示眼球。但到小篆，眼睛的图形被竖起
lái bù jǐn sǐ bǎn ér qiě shī qù le xiàng xíng de tè diǎn cǐ
来，不仅死板，而且失去了象形的特点。此
hòu gè zì tǐ de mù jí yuán cǐ ér lái mù de běn yì
后各字体的“目”即缘此而来。“目”的本义
jí rén de yǎn jing zài xiān qín shí qī tā shì biǎo shì kàn shì
即人的眼睛，在先秦时期，它是表示“看、视、
guān chá děng yì de cháng yòng yǔ rú mù sòng děng dàn zì
观察”等义的常用语，如“目送”等；但自
liǎng hàn hòu mù de hěn duō zì yì wéi yǎn suǒ qǔ dài tè
两汉后，“目”的很多字义为“眼”所取代，特
bié shì zài kǒu yǔ zhōng rú zéi yǎn děng yīn cǐ mù yě
别是在口语中，如“贼眼”等。因此，“目”也
jiàn jiàn jù yǒu shū miàn yǔ de sè cǎi hàn yǔ zhōng mù hái
渐渐具有书面语的色彩。汉语中，“目”还
zuò wéi piān páng zǔ chéng rú dīng piē mī máng zhēng děng
作为偏旁，组成如“盯、瞥、眯、盲、睁”等
zì qí zì yì jī běn yǔ yǎn jing yǒu guān
字，其字义基本与眼睛有关。

mù zì de yǎn biàn

【“目”字的演变】

甲骨文	金文	小篆	隶书	简体字

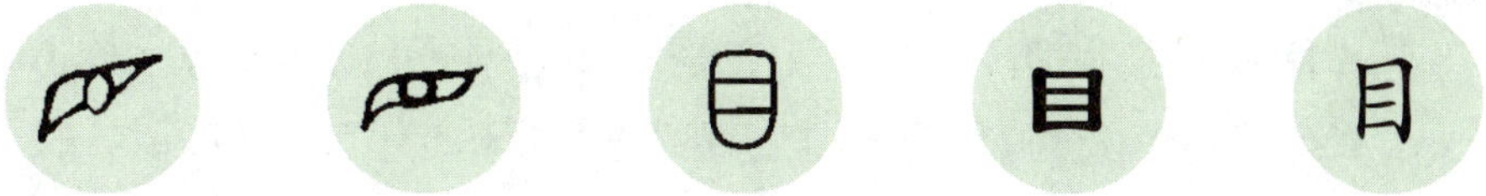

yīng yǔ yì diǎn tōng

【英语一点通】

“目”作为“眼睛”讲时，英文是 eye。eye 可以组成短语 an eye for an eye，意思就是“以眼还眼”或“以牙还牙”。与 eye 字形相近的词有 eve，意思是“前夜、前夕”。例如，Christmas Eve 就是指“圣诞节前夜”，其中 Christmas 表示“圣诞节”。

kē pǔ xiǎo zhī shi

【科普小知识】

yǎn jing shì rén lèi gǎn guān zhōng zuì zhòng yào de qì guān wǒ
眼睛是人类感官中最重要的器官，我
men de dà nǎo zhōng dà yuē yǒu de zhī shi hé jì yì dōu shì
们的大脑中大约有80%的知识和记忆都是
tōng guò yǎn jing huò qǔ de dú shū rèn zì biàn bié rén wù xīn
通过眼睛获取的。读书认字、辨别人物、欣
shǎng měi jǐng děng dōu yào yòng dào yǎn jing yǎn jing néng biàn bié bù
赏美景等都要用到眼睛。眼睛能辨别不
tóng de yán sè hé guāng xiàn zài jiāng zhè xiē shì jué xíng xiàng zhuǎn
同的颜色和光线，再将这些视觉、形象转
biàn chéng shén jīng xìn hào chuán sòng gěi dà nǎo yóu yú shì jué duì
变成神经信号，传送给大脑。由于视觉对
rén rú cǐ zhòng yào suǒ yǐ wǒ men yào bǎo hù hǎo zì jǐ de yǎn
人如此重要，所以我们要保护好自己的眼
jing yǎng chéng liáng hǎo de yòng yǎn xí guàn bìng yīng gāi jiān chí měi gé
睛，养成良好的用眼习惯，并应该坚持每隔
bàn nián qù jiǎn chá yí cì shì lì yǐ fáng yǎn jing jí bìng de fā shēng
半年去检查一次视力，以防眼睛疾病的发生。

眉

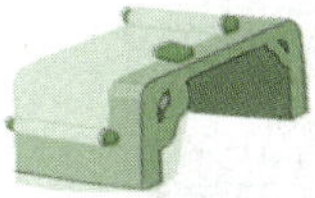

如果眼睛是心灵的窗户，那么眉毛大概可以算作窗帘。因为眉毛在人的面部不仅具有美容的作用，它还是眼睛的“卫士”，对眼睛有很好的保护作用。正是由于眉毛与眼睛的这种密切关系，我们的祖先在造“眉”字时便要画出眼睛来。甲骨文中，“眉”字是眼睛及其上面眉毛的图形。到金文，眉毛下加上了表示眉骨的线条，并与眼睛分开，图形更加生动。但自小篆起，字形趋于符号化，渐失象形的特点；直至隶书后，字形被确定为“眉”。“眉”的本义即眉毛，如“眉飞色舞”等，后引申为书页上方空白的地方，如“书眉、眉批”等。“眉”还可以作“老”讲，如“眉寿”即长寿；有时还用作量词，如“一眉新月”等。

méi zì de yǎn biàn

【“眉”字的演变】

甲骨文	金文	小篆	隶书	简体字

yīng yǔ yì diǎn tōng

【英语一点通】

“眉”的英文是 eyebrow。如“浓眉大眼”就是 with big eyes and bushy eyebrows，其中 bushy 的意思是“浓密的”。单词 eyebrow 由 eye 和 brow 组成，brow 也是“眉毛”的意思。如 the heavy brows 就是指“浓眉”，其中 heavy 的意思是“重的、浓密的”。

xiǎo péng you bèi shī cí

【小朋友背诗词】

huà méi niǎo

画眉鸟

sòng ōu yáng xiū

〔宋〕欧阳修

bǎi zhuàn qiān shēng suí yì yí shān huā hóng zǐ shù gāo dī

百啭千声随意移，山花红紫树高低。

shǐ zhī suǒ xiàng jīn lóng tīng bù jí lín jiān zì zài tí

始知锁向金笼听，不及林间自在啼。

（**注释** 啭：鸟婉转地啼叫。随意：随着自己［鸟］的心意。树高低：树林中的高处或低处。始知：现在才知道。金笼：贵重的鸟笼。不及：远远比不上。）

耳

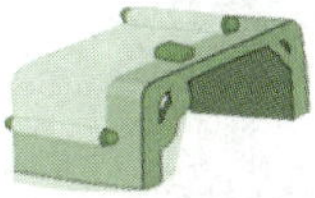

ěr duo shì jī hū suǒ yǒu dòng wù shēn shàng dōu huì yǒu de tīng
耳朵是几乎所有动物身上都会有的听
jué hé píng héng gǎn jué de qì guān xiǎo péng you dōu zhī dào bù
觉和平衡感觉的器官。小朋友都知道，不
tóng de dòng wù huì yǒu dà xiǎo xíng zhuàng dōu bù yí yàng de ěr
同的动物会有大小、形状都不一样的耳
duo rú dà xiàng de ěr duo dà ér yuán tù zi de ěr duo xì ér
朵，如大象的耳朵大而圆、兔子的耳朵细而
cháng bù jǐn rú cǐ yǒu xiē dòng wù pì rú kūn chóng de ěr
长。不仅如此，有些动物譬如昆虫的“耳
duo shēng zhǎng de bù wèi hěn qí tè rú xī shuài de ěr duo zhǎng
朵”生长的部位很奇特，如蟋蟀的耳朵长
zài tuǐ shàng huáng chóng de ěr duo zhǎng zài fù bù wén zi de ěr
在腿上、蝗虫的耳朵长在腹部、蚊子的耳
duo zhǎng zài chù jiǎo shàng dàn shì gǔ rén zài zào ěr zì shí
朵长在触角上。但是，古人在造“耳”字时，
yī jù de shì wǒ men rén de ěr duo jiǎ gǔ wén de ěr jiù
依据的是我们人的耳朵。甲骨文的“耳”就
shì rén de ěr duo de xíng zhuàng dàn dào jīn wén ěr duo de xíng
是人的耳朵的形状。但到金文，耳朵的形
zhuàng kāi shǐ biàn huà dào xiǎo zhuàn shí zì xíng yǐ wán quán méi yǒu
状开始变化。到小篆时，字形已完全没有
le xiàng xíng de shén yùn ér biàn de chōu xiàng lì shū yuán cǐ xiě
了象形的神韵而变得抽象。隶书缘此写
zuò ěr cái suàn shì duì gāi zì zì xíng yǎn biàn de zhōng jié
作“**耳**”，才算是对该字字形演变的终结。
hàn yǔ zhōng ěr kě yǐ zuò bù shǒu yì bān gòu chéng yǔ ěr
汉语中，“耳”可以作部首，一般构成与耳
duo xiāng guān de zì rú líng cōng děng
朵相关的字如“聆、聪”等。

ěr zì de yǎn biàn

【“耳”字的演变】

甲骨文	金文	小篆	隶书	简体字

yīng yǔ yì diǎn tōng

【英语一点通】

“耳”的英文是 ear。英文 walls have ears 的意思是“隔墙有耳”，其中 wall 的意思是“墙、壁”。与 ear 形、音接近的单词有 dear（亲爱的）、hear（听见）、near（附近的）等。与 wall 形、音接近的单词有 ball（球）、tall（高的）等。

kē pǔ xiǎo zhī shi

【科普小知识】

yǒu xiē rén de ěr duo huì dòng zhè shì wèi shén me ne běn
有些人的耳朵会动，这是为什么呢？本
lái měi gè rén de ěr hòu dōu yǒu yí kuài dòng ěr jī zài shén jīng
来每个人的耳后都有一块动耳肌，在神经
zhī pèi xià tā kě yǐ huó dòng dàn suí zhe rén de jìn huà yǒu
支配下它可以活动。但随着人的进化，有
xiē rén de dòng ěr jī tuì huà yīn cǐ ěr duo jiù bú huì dòng
些人的动耳肌退化，因此耳朵就不会动
le ér yǒu xiē rén hái bǎo liú zhe dòng ěr jī suǒ yǐ ěr duo
了；而有些人还保留着动耳肌，所以耳朵
huì dòng
会动。

口

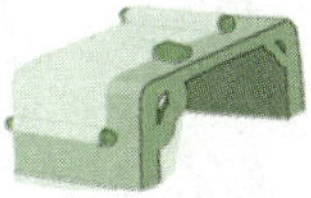

kǒu shì wǒ men yòng lái fā shēng chī dōng xi de zhòng yào
“口”是我们用来发声、吃东西的重要
rén tǐ qì guān tā de zì xíng jiǎn dān shì gǔ rén zào zì shí duì
人体器官，它的字形简单，是古人造字时对
zuǐ ba xíng zhuàng de xiàng xíng cóng jiǎ gǔ wén dào xiǎo zhuàn
嘴巴形状的象形。从甲骨文到小篆，
kǒu miáo huì de dōu shì rén zuǐ ba zhāng kāi shí shàng xià zuǐ chún
“口”描绘的都是人嘴巴张开时上下嘴唇
de xíng xiàng lì shū hòu zì xíng jiǎn huà wéi kǒu jiù yì zhí
的形象。隶书后，字形简化为“口”，就一直
yán yòng xià lái chú běn yì zhǐ zuǐ wài kǒu bèi yǐn shēn wéi
沿用下来。除本义指“嘴”外，“口”被引申为
róng qì tōng wài miàn de dì fang rú píng kǒu wǎn kǒu děng hái
容器通外面的地方，如“瓶口、碗口”等；还
yǐn shēn wéi chū rù tōng guò de dì fang rú mén kǒu gǎng kǒu
引申为出入通过的地方，如“门口、港口”
děng yě yǐn shēn wéi pò liè de dì fang rú liè kǒu shāng kǒu
等；也引申为破裂的地方，如“裂口、伤口”
děng hái kě yǐ zhǐ rén rén kǒu rú sān kǒu zhī jiā děng yǒu
等；还可以指人、人口，如“三口之家”等；有
shí yě bèi yòng zuò liàng cí rú yì kǒu zhōng yì kǒu bǎo jiàn yì
时也被用作量词，如“一口钟、一口宝剑、一
kǒu zhū děng lìng wài kǒu hái shi yí gè bù shǒu zì zǔ
口猪”等。另外，“口”还是一个部首字，组
chéng de zì rú chī tǔ jiào hǎn děng zì yì jī běn dōu yǔ
成的字如“吃、吐、叫、喊”等，字义基本都与
zuǐ ba yǒu guān
嘴巴有关。

kǒu zì de yǎn biàn

【“口”字的演变】

甲骨文　金文　小篆　隶书　简体字

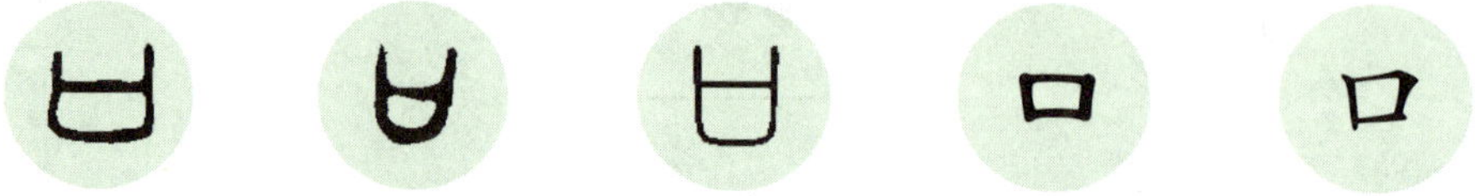

yīng yǔ yì diǎn tōng

【英语一点通】

“口”的英文是 mouth，意为“嘴巴”，短语 from mouth to mouth 则表示“口口相传”。当“口”指“门口”时，英文是 gate，比如“在学校门口”即 at the gate of school，其中 school 的意思是“学校”。与 gate 音、形相似的词有 late（迟的）、fate（命运）等。

cí yǔ jù bǎo pén

【词语聚宝盆】

kǒu shì xīn fēi yì si shì xīn kǒu bù yí zhì zuǐ shàng shuō
“口是心非”意思是心口不一致，嘴上说
yí tào xīn lǐ xiǎng yí tào hán biǎn yì xíng róng rén liǎng miàn
一套，心里想一套，含贬义，形容人两面
sān dāo xīn kǒu bù yí zhì lì rú tóng zhì men duì tā zhè zhǒng
三刀、心口不一致。例如：同志们对他这种
kǒu shì xīn fēi de zuò fǎ hěn bù mǎn yì kǒu shì xīn fēi de jìn
口是心非的做法很不满意。“口是心非”的近
yì cí yǒu yáng fèng yīn wéi yán bù yóu zhōng fǎn yì cí yǒu yán
义词有“阳奉阴违、言不由衷”，反义词有“言
wéi xīn shēng yán xíng yí zhì biǎo lǐ rú yī děng xiǎo péng you
为心声、言行一致、表里如一”等。小朋友
yào zhù yì kǒu shì xīn fēi hé yán bù yóu zhōng dōu néng xíng
要注意，“口是心非”和“言不由衷”都能形
róng rén xīn kǒu bù yī dàn kǒu shì xīn fēi de yǔ yì jí biǎn yì
容人心口不一，但“口是心非”的语义及贬义
sè cǎi yào bǐ yán bù yóu zhōng zhòng de duō
色彩要比“言不由衷”重得多。

舌

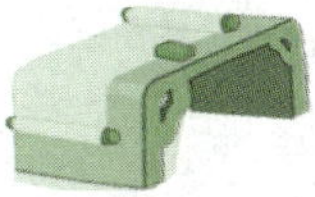

舌头是人的口腔中具有搅拌食物、感受味觉和辅助发声等功能的重要器官，古人对“舌”字的创造自然离不开对“口”字的参照。甲骨文、金文中，“舌”的上半部分是类似武器的表示冲犯意义的象形字“干”，下半部分是口的象形，中间的小点表示口水，多形会意，指在口腔中转动，以辅助发声、搅拌食物，伸出来还会带有口水的舌头。到小篆，“舌”字省去了点，字形变得美观。隶书后，笔画改曲为直，字形最终被确定为“舌”。“舌”在本义的基础上又引申为言辞，如“白费口舌”等；又引申为像舌头的东西，如“火舌、帽舌”等。“舌”还可以作为偏旁，组成多与舌头有关的词，如“舔、舐、甜”等。

shé zì de yǎn biàn
【“舌”字的演变】

甲骨文　　金文　　小篆　　隶书　　简体字

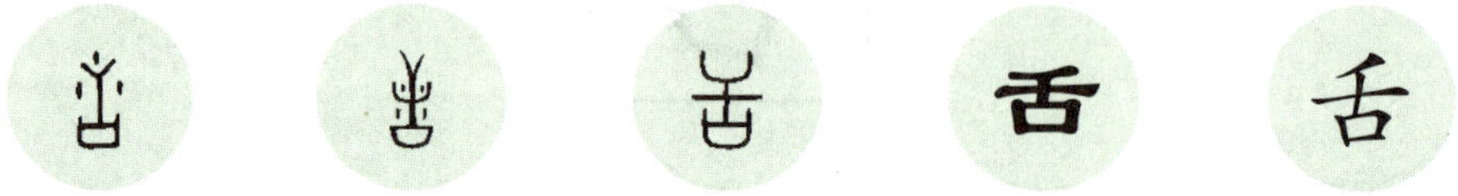

yīng yǔ yì diǎn tōng
【英语一点通】

“舌”的英文是 tongue，但是英文短语 mother tongue 的意思并不是“妈妈的舌头”，而是指“母语”，也就是小朋友最初学会的语言，因为 tongue 还有一个意思是“语言”。另外，tongue 还指“口才”，如 lose one’s tongue 即“张口结舌”，其中 lose 的意思是“丢失、迷失”。

cí yǔ jù bǎo pén
【词语聚宝盆】

chún qiāng shé jiàn yì si shì chún xiàng qiāng shé rú jiàn
“唇枪舌剑”意思是唇像枪，舌如剑。
xíng róng zhēng biàn jī liè yán cí fēng lì xiàng qiāng jiàn jiāo fēng
形容争辩激烈、言辞锋利，像枪剑交锋
yí yàng lì rú shuāng fāng biàn shǒu chún qiāng shé jiàn nǐ lái
一样。例如，双方辩手唇枪舌剑、你来
wǒ wǎng hù bù xiāng ràng jiāng biàn lùn de mèi lì chōng fèn zhǎn
我往、互不相让，将辩论的魅力充分展
xiàn gěi xiàn chǎng guān zhòng chún qiāng shé jiàn de jìn yì cí
现给现场观众。“唇枪舌剑”的近义词
yǒu zhēn fēng xiāng duì dàn chún qiāng shé jiàn piān zhòng zhǐ
有“针锋相对”，但“唇枪舌剑”偏重指
yán cí de jiān kè ér zhēn fēng xiāng duì zé piān zhòng duì duì fāng
言辞的尖刻，而“针锋相对”则偏重对对方
de gōng jī huò zhēn duì duì fāng jìn xíng huí jī
的攻击，或针对对方进行回击。

牙

牙齿是人体最坚硬的器官，也是我们口腔内用来咀嚼食物、辅助发声的重要器官。现代汉语中，“牙”与“齿”同义，都是指牙齿，但是它们被创造之初，本义却有所不同。金文中的“牙”是竖起来的犬齿交错的图形，本义指槽牙，即犬齿两边的牙，上下各六颗。到小篆，字形变得工整、复杂，但失去了象形的意味。隶书缘此写作“牙”，字形已完全符号化。“牙”在古汉语中多用来指象牙或象牙制品，如“牙梳”即指象牙梳子、“牙章”即指象牙印章等；还用来指类似牙齿形状的东西，如“抽屉牙子”；或指买卖介绍人、经纪人，如“牙人、牙子”就是指过去在买卖人双方之间撮合，以获取佣金的人。

yá zì de yǎn biàn
【“牙”字的演变】

金文　小篆　隶书　简体字

yīng yǔ yì diǎn tōng
【英语一点通】

“牙”的英文是 tooth。小朋友要注意，tooth 是一个不规则变化的名词，它的复数形式是 teeth。如“刷牙”的英文就是 brush one's teeth，其中 brush 的意思是“刷、擦”。与 tooth 复数变化规则相同，goose（鹅）的复数形式也是将单词中的“oo”变为“ee”，即 geese。

kē pǔ xiǎo zhī shi
【科普小知识】

rén de yì shēng zǒng gòng yǒu liǎng fù yá chǐ rǔ yá hé héng
人的一生总共有两副牙齿：乳牙和恒
yá rǔ yá shì rén de dì yī fù yá chǐ gòng kē cóng chū
牙。乳牙是人的第一副牙齿，共 20 颗。从出
shēng hòu gè yuè zuǒ yòu kāi shǐ méng chū dào suì shí jī běn zhǎng
生后 6 个月左右开始萌出，到 3 岁时基本长
qí héng yá shì rén de dì èr fù yá chǐ gòng kē cóng
齐。恒牙是人的第二副牙齿，共 32 颗。从 6
suì zuǒ yòu rǔ yá kāi shǐ zhú jiàn tuō luò qǐ héng yá biàn kāi shǐ méng
岁左右乳牙开始逐渐脱落起，恒牙便开始萌
chū chú dì sān mó yá wài yì bān rén zài suì zuǒ yòu jiù jī běn
出。除第三磨牙外，一般人在 12 岁左右就基本
zhǎng qí kē yá chǐ le héng yá shì rén de zuì hòu yí fù yá
长齐 28 颗牙齿了。恒牙是人的最后一副牙
chǐ rú guǒ héng yá tuō luò jiāng bú zài yǒu yá chǐ méng shēng suǒ
齿，如果恒牙脱落，将不再有牙齿萌生。所
yǐ xiǎo péng you yí dìng yào bǎo hù hǎo zì jǐ de yá chǐ
以，小朋友一定要保护好自己的牙齿！

齿

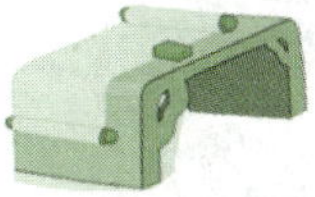

chǐ yě jiù shì yá chǐ dàn tā běn lái de hán yì shì zhǐ
“齿”也就是牙齿，但它本来的含义是指
mén yá jiǎ gǔ wén de chǐ shì xiàng xíng zì miáo huà de jiù
门牙。甲骨文的“齿”是象形字，描画的就
shì rén kǒu zhōng de yá chǐ zì xíng zhōng de jǐ gè diǎn jí zhǐ zuǐ
是人口中的牙齿，字形中的几个点即指嘴
chún xià de mén yá dào jīn wén zì de shàng miàn duō chū le dài
唇下的门牙。到金文，字的上面多出了代
biǎo dú yīn de shēng fú zhǐ chǐ suí jí yǎn biàn wéi xíng shēng
表读音的声符“止”，“齿”随即演变为形声
zì xiǎo zhuàn yuán jīn wén ér lái lì shū yí mài xiāng chéng cǐ
字。小篆缘金文而来，隶书一脉相承，此
hòu bèi jiǎn huà wéi chǐ chǐ zài yǎn biàn zhōng zì yì yǒu
后被简化为“齿”。“齿”在演变中，字义有
suǒ kuò zhǎn bèi yǐn shēn wéi pái liè xiàng yá chǐ xíng zhuàng de dōng
所扩展，被引申为排列像牙齿形状的东
xi rú jù chǐ chǐ lún děng hái yǐn shēn zhǐ nián shòu suì
西，如“锯齿、齿轮”等；还引申指年寿、岁
shu nián líng děng rú chǐ xù jí zhǐ nián líng de dà xiǎo mò
数、年龄等，如“齿序”即指年龄的大小、“没
chǐ bú wàng jí zhǐ zhōng shēn bù néng wàng jì yě kě yǐ zhǐ bìng
齿不忘”即指终身不能忘记；也可以指并
liè yǐn wéi tóng lèi děng rú bù chǐ jí zhǐ bù néng tóng liè huò
列、引为同类等，如“不齿”即指不能同列或
bù yǔ tóng liè yòng lái biǎo shì bǐ qì
不与同列，用来表示鄙弃。

chǐ zì de yǎn biàn

【“齿”字的演变】

甲骨文	金文	小篆	隶书	简体字

yīng yǔ yì diǎn tōng

【英语一点通】

“齿”表示牙齿时，英文与“牙”相同，也是 tooth。与 tooth 音、形相似的词有 booth（货摊），如“电话亭”就是 telephone booth，其中 telephone 是“电话”的意思。

xiǎo péng you cāi mí yǔ

【小朋友猜谜语】

xiǎo xiǎo shí tou yìng yòu bái， zhěng zhěng qí qí pái liǎng pái。
小小石头硬又白，整整齐齐排两排。

tiān tiān zǎo qǐ shuā gān jìng， jiē jiē shí shí bú ài huài。
天天早起刷干净，结结实实不爱坏。

dǎ yì rén tǐ qì guān
（打一人体器官）

mí dǐ yá chǐ
（谜底：牙齿）

须

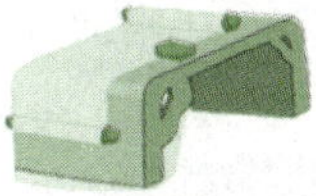

xū shì yí gè yǐ biǎo shì tóu de yè wéi bù shǒu de
“须”是一个以表示头的“页”为部首的
zì zhǐ zhǎng zài rén de xià ba hé liǎng sāi shàng de máo jiǎ gǔ
字，指长在人的下巴和两腮上的毛。甲骨
wén de xū shì yí gè xiàng xíng wén zì zài rén de tú xíng shàng
文的“须”是一个象形文字：在人的图形上
huà le yí gè kǒu rán hòu zài kǒu páng zài jiā shàng liǎng piě biǎo shì
画了一个口，然后在口旁再加上两撇表示
hú xū zhěng gè zì xíng miáo huà de jiù shì rén de xià ba huò liǎng
胡须，整个字形描画的就是人的下巴或两
sāi zhǎng yǒu hú xū de yàng zi dào jīn wén zì de zuǒ biān yǎn
腮长有胡须的样子。到金文，字的左边演
biàn chéng jīn wén de yè ér yòu biān zài rén tóu de bù wèi réng
变成金文的“页”，而右边在人头的部位仍
bǎo liú sān piě biǎo shì hú xū xiǎo zhuàn tiáo zhěng le jīn wén de zì
保留三撇表示胡须。小篆调整了金文的字
xíng jié gòu zuǒ biān wéi biǎo shì máo shì de yòu biān wéi biǎo
形结构，左边为表示毛饰的“彡”、右边为表
shì tóu de yè lì shū yuán cǐ xiě zuò xū cǐ hòu bèi
示头的“页”。隶书缘此写作“**須**”。此后被
jiǎn huà wéi xū xū de zì yì chú hú xū wài hái kě zhǐ
简化为“须”。“须”的字义除胡须外，还可指
xiàng hú xū de dōng xi rú gēn xū chù xū děng yě zhǐ piàn
像胡须的东西，如“根须、触须”等；也指片
kè rú xū yú děng dàng zhù dòng cí yòng shí zé zhǐ bì yào
刻，如“须臾”等；当助动词用时则指必要、
yīng dāng rú wú xū xū yào děng
应当，如“无须、须要”等。

xū zì de yǎn biàn
【“须”字的演变】

甲骨文　金文　小篆　隶书　简体字

yīng yǔ yì diǎn tōng

【英语一点通】

“须”表示“胡须”时，对应的英文单词有两个：一个是 beard，指下巴上的胡须，如“留着长胡子的人”就是 a man with a long beard，其中 long 的意思是“长的”；另一个是 moustache，指嘴唇上部的胡须，如“留着八字胡的人”就是 a man with a pair of moustache。

xiǎo péng you bèi shī cí

【小朋友背诗词】

wén guān jūn shōu hé nán hé běi

闻官军收河南河北

táng dù fǔ

〔唐〕杜甫

jiàn wài hū chuán shōu jì běi，chū wén tì lèi mǎn yī cháng

剑外忽传收蓟北，初闻涕泪满衣裳。

què kàn qī zǐ chóu hé zài，màn juǎn shī shū xǐ yù kuáng

却看妻子愁何在，漫卷诗书喜欲狂。

bái rì fàng gē xū zòng jiǔ，qīng chūn zuò bàn hǎo huán xiāng

白日放歌须纵酒，青春作伴好还乡。

jí cóng bā xiá chuān wū xiá，biàn xià xiāng yáng xiàng luò yáng

即从巴峡穿巫峡，便下襄阳向洛阳。

（**注释**　闻：听说。官军：这里指唐王朝的军队。剑外：四川。蓟北：今河北北部。却看：回头看。妻子：妻子和孩子。青春：一说指春天的景物，另一说指酒名。巴峡、巫峡：均为长江三峡之一。）

发

shì yí gè duō yīn duō yì zì dú shí zuò dòng
“发*”是一个多音多义字，读fā时作动
cí zhǐ sòng chū biǎo dá chǎn shēng děng dú fà shí zuò míng
词，指送出、表达、产生等；读fà时作名
cí zhǐ tóu fa wèi shén me huì chū xiàn zhè zhǒng qíng kuàng yuán
词，指头发。为什么会出现这种情况？原
lái jiǎn tǐ zì de yóu liǎng gè jié rán bù tóng de zì yǎn biàn
来，简体字的“发”由两个截然不同的字演变
ér lái dòng cí fā běn yì wéi tóu zhì fā shè jiǎ gǔ
而来。动词“发”，本义为投掷、发射。甲骨
wén de zì xíng yóu shàng miàn de liǎng zhī jiǎo zuǒ xià fāng de yì zhī
文的字形由上面的两只脚、左下方的一只
shǒu hé zhōng jiān biǎo shì biāo qiāng de shù xiàn zǔ chéng huì yì wéi biān
手和中间表示标枪的竖线组成，会意为边
pǎo biān tóu zhì biāo qiāng dào jīn wén zì xíng zuǒ biān zēng jiā le
跑边投掷标枪。到金文，字形左边增加了
yí gè gōng de fú hào yǐ qiáng diào fā shè zhī yì xiǎo zhuàn duì
一个弓的符号，以强调发射之义。小篆对
jīn wén zì xíng jìn xíng tiáo zhěng lì shū yuán cǐ xiě zuò fā
金文字形进行调整。隶书缘此写作“發”。
míng cí fà jīn wén de fà yóu quǎn hé rén de méi mao zhī
名词“发”，金文的“发”由犬和人的眉毛之
xíng huì yì ér chéng zhǐ máo fà dào xiǎo zhuàn zì xíng biàn de
形会意而成，指毛发。到小篆，字形变得
fù zá lì shū yuán cǐ xiě zuò fà hàn zì jiǎn huà shí yì
复杂，隶书缘此写作“髮”。汉字简化时，意
yì běn wú lián xì de fā yǔ fà tǒng yī xiě zuò
义本无联系的“發”与“髮”统一写作“发”。

---

* 本书的多音字在未明确意义及读音的情况下，不标注拼音。

zì de yǎn biàn

【“发”字的演变】

甲骨文　金文　小篆　隶书　简体字

yīng yǔ yì diǎn tōng

【英语一点通】

“发”(fà)的英文是 hair，指“头发、毛发”，如“白发”就是 white hair，其中 white 的意思是“白色的”。与 hair 音、形相似的词有 fair(公平的)、pair(一双、一对)等。单词 pair 一般用于短语 a pair of，指“一双、一对”等，如“一双鞋”就是 a pair of shoes。

kě ài de zǔ guó

【可爱的祖国】

zài wǒ guó gǔ dài，bú lùn nán nǚ dōu yào xù cháng fà。děng nán zǐ zhǎng dào yí dìng de nián líng，qīn rén yào wèi tā men jǔ xíng yí cì chéng rén lǐ，chēng wéi “guàn lǐ”。nán zǐ xíng guàn lǐ，jiù shì bǎ tóu fa pán chéng fà jì，wèi zhī “jié fà”，rán hòu zài dài shàng mào zi。《shuō wén jiě zì》zhōng shuō：“guàn，biàn miǎn zhī zǒng míng yě。wèi zhī chéng rén。”yì si shì：nán zǐ dào èr shí suì jiù yào jǔ xíng guàn lǐ，bìng bèi cì yǐ zì，shuō míng tā dào le chéng rén nián líng。yīn cǐ，èr shí suì yě bèi chēng wéi “ruò guàn zhī nián”。

在我国古代，不论男女都要蓄长发。等男子长到一定的年龄，亲人要为他们举行一次成人礼，称为“冠礼”。男子行冠礼，就是把头发盘成发髻，谓之“结发”，然后再戴上帽子。《说文解字》中说：“冠，弁冕之总名也。谓之成人。”意思是：男子到二十岁就要举行冠礼，并被赐以字，说明他到了成人年龄。因此，二十岁也被称为“弱冠之年”。

肩

xiǎo péng you nián líng suī rán hái xiǎo dàn shì nǐ men jiān fù
小朋友年龄虽然还小，但是你们肩负
zhe jiàn shè zǔ guó wèi lái de wěi dà shǐ mìng jiān fù jí dān
着建设祖国未来的伟大使命。“肩负”即担
fù zhè yí dòng cí shì yóu biǎo shì jiān bǎng de jiān de běn yì
负，这一动词是由表示肩膀的“肩”的本义
yǐn shēn ér lái de jīn wén de jiān shì gè huì yì zì zuǒ
引申而来的。金文的“肩”是个会意字，左
shàng bàn bù fen shì yí shàn mén de xiàng xíng yòu xià bàn bù fen shì
上半部分是一扇门的象形，右下半部分是
rén huò dòng wù shēn tǐ jī ròu de xiàng xíng liǎng xíng huì yì zhǐ
人或动物身体肌肉的象形。两形会意，指
xiàng mén yí yàng kě yǐ zhuàn dòng de shēn tǐ bù wèi yě jiù shì gē
像门一样可以转动的身体部位，也就是胳
bo shàng miàn yǔ qū gàn xiāng lián de bù fen jí jiān bǎng xiǎo zhuàn
膊上面与躯干相连的部分，即肩膀。小篆
chéng xí jīn wén zì xíng zhōng biǎo shì mén de tú xíng yǎn biàn wéi fú
承袭金文，字形中表示门的图形演变为符
hào hù lì shū yuán cǐ xiě zuò jiān bìng yán yòng zhì jīn
号“户”。隶书缘此写作“**肩**”，并沿用至今。
jiān hái bèi yǐn shēn wéi dòng cí biǎo shì dān fù rú jiān
“肩”还被引申为动词，表示担负，如“肩
fù yǒu shí hái yòng zuò liàng cí bǐ yù zhòng liàng fù dān rú
负”；有时还用作量词，比喻重量、负担，如
yì jiān zhòng dàn děng
“一肩重担”等。

jiān zì de yǎn biàn

【“肩”字的演变】

金文　　小篆　　隶书　　简体字

yīng yǔ yì diǎn tōng

【英语一点通】

“肩”的英文是 shoulder。shoulder 作名词时，意思是“肩膀”，比如 fight shoulder to shoulder 即指“并肩战斗”，其中 fight 表示“战斗”。shoulder 也可以作动词，指“肩负”，如“肩负重任”就是 shoulder heavy responsibilities。

xiǎo péng you xué ér gē

【小朋友学儿歌】

wǒ yǒu yí fù xiǎo jiān bǎng

我有一副小肩膀

wǒ yǒu yí fù xiǎo jiān bǎng mā ma zuò fàn wǒ bāng máng
我有一副小肩膀，妈妈做饭我帮忙。

shān shàng tiāo huí yí dàn chái mā ma shāo fàn lú huǒ wàng
山上挑回一担柴，妈妈烧饭炉火旺。

chí táng tiāo lái qīng qīng shuǐ fàn cài shāo de pēn pēn xiāng
池塘挑来清清水，饭菜烧得喷喷香。

xiǎo xiǎo jiān bǎng yìng lǎng lǎng bà ba zhòng tián wǒ bāng máng
小小肩膀硬朗朗，爸爸种田我帮忙。

tiāo dàn huà féi tián jiān zǒu bà ba yù de hé miáo zhuàng
挑担化肥田间走，爸爸育的禾苗壮。

tiāo dàn dào gǔ sòng huí jiā fēng shōu liáng shi zhuāng mǎn cāng
挑担稻谷送回家，丰收粮食装满仓。

手

xiǎo péng you qǐng guān chá yí xià nǐ de shuāng shǒu lái hé
小朋友，请观察一下你的双手，来和
jīn wén zhōng de shǒu zì duì bǐ yí xià kàn yi kàn shì bú shì
金文中的“手”字对比一下，看一看是不是
hěn xiàng zài jīn wén hé xiǎo zhuàn zhōng shǒu zì shàng miàn de
很像？在金文和小篆中，“手”字上面的
fēn chà dài biǎo wǔ gè shǒu zhǐ xià miàn de bù fen dài biǎo shǒu zhǎng
分岔代表五个手指，下面的部分代表手掌。
suǒ yǐ shǒu de zuì chū zì xíng hé yì si yí zhì dōu biǎo shì
所以，“手”的最初字形和意思一致，都表示
shǒu wàn yǐ xià de bù fen jí zhǐ wǒ men de shǒu lì shū shí
手腕以下的部分，即指我们的手。隶书时，
zì xíng zǒu xiàng fú hào huà xiě zuò shǒu jī běn shī qù le xiàng
字形走向符号化，写作“手”，基本失去了象
xíng de tè diǎn jiǎn tǐ zì chéng xí lì shū méi yǒu shén me gǎi
形的特点。简体字承袭隶书，没有什么改
biàn shǒu zì kě yǐ zuò piān páng jí tí shǒu páng zǔ
变。“手”字可以作偏旁，即提手旁“扌”，组
chéng de zì rú pāi lā wò tí děng yì si yì bān dōu yǔ
成的字如“拍、拉、握、提”等，意思一般都与
shǒu de dòng zuò yǒu guān lìng wài shǒu zì zài yǎn biàn zhōng hái
手的动作有关。另外，“手”字在演变中还
yǎn shēng chū qí tā zì yì rú zài rén shǒu yí cè zhōng zhǐ ná
衍生出其他字义，如在“人手一册”中指拿
zhe zài shǒu fǎ zhōng zhǐ jì néng zài shēng chǎn néng shǒu
着，在“手法”中指技能，在“生产能手”
zhōng zhǐ shàn cháng mǒu zhǒng shì qing huò mǒu zhǒng jì néng ér zài
中指擅长某种事情或某种技能，而在
shǒu qiāng zhōng zhǐ xiǎo qiǎo yì ná
“手枪”中指小巧易拿。

shǒu zì de yǎn biàn
【“手”字的演变】

金文　小篆　隶书　简体字

yīng yǔ yì diǎn tōng
【英语一点通】

“手”的英文是 hand。英文中，两个 hand 连用，即 hand in hand，就表示“手拉手”。另外，hand 在英文中还可以表示钟表的指针，比如说“时针”就是 the hour hand，其中 hour 指“小时”。小朋友，这个“hand”有意思吧？

xiǎo péng you cāi mí yǔ
【小朋友猜谜语】

xiǎo xiōng dì gòng shí gè, ǎi de ǎi gāo de gāo,
小兄弟共十个，矮的矮高的高，

huì chuān yī huì dài mào, yì qǐ wán guān xì hǎo.
会穿衣会戴帽，一起玩关系好。

dǎ yì shēn tǐ qì guān
（打一身体器官）

mí dǐ shǒu
（谜底：手）

心

zài gǔ rén kàn lái rén de gè zhǒng qíng gǎn dōu chǎn shēng zì
在古人看来，人的各种情感都产生自
nèi xīn yīn cǐ tā men bǎ xīn kàn zuò yì zhǒng gǎn jué qì
内心，因此，他们把“心”看作一种感觉器
guān kě yǐ sī kǎo yě kě yǐ yǒu hěn duō qíng xù bǐ rú xīn
官，可以思考也可以有很多情绪，比如“心
xiǎng xīn fán xīn hěn děng yóu cǐ tā men hái bǎ xīn zì
想、心烦、心狠”等。由此，他们还把“心”字
zuò wéi piān páng fàng zài zì de xià miàn réng xiě zuò xīn fàng zài
作为偏旁：放在字的下面仍写作“心”，放在
zuǒ biān zé xiě zuò gòu chéng le xǔ duō yǔ xīn si xīn qíng
左边则写作“忄”，构成了许多与心思、心情
děng yì yì xiāng guān de zì rú bēi niàn jīng qiè děng
等意义相关的字，如“悲、念、惊、怯”等。
shí jì shàng dà nǎo cái shì rén jìn xíng sī kǎo chǎn shēng gè zhǒng
实际上，大脑才是人进行思考、产生各种
qíng xù de shén jīng zhōng shū xīn zhǐ bú guò shì rén tǐ nèi yí
情绪的神经中枢，“心”只不过是人体内一
gè zhǔ guǎn xuè yè xún huán de qì guān jí xīn zàng ér gǔ rén
个主管血液循环的器官，即心脏。而古人
zào de xīn zì qí shí yě shì duì xīn zàng zhè yí qì guān de xiàng
造的“心”字其实也是对心脏这一器官的象
xíng jiǎ gǔ wén zhōng xīn jiù shì yí gè xīn zàng de xiàng
形。甲骨文中，“心”就是一个心脏的象
xíng dào jīn wén xīn de yàng zi yǒu xiē biàn xíng ér xiǎo
形。到金文，“心”的样子有些变形。而小
zhuàn shí xīn yǐ bèi chōu xiàng huà lì shū shí xīn zé
篆时，“心”已被抽象化。隶书时，“心”则
wán quán shī qù le xiàng xíng de yì wèi
完全失去了象形的意味。

xīn zì de yǎn biàn

【“心”字的演变】

甲骨文　金文　小篆　隶书　简体字

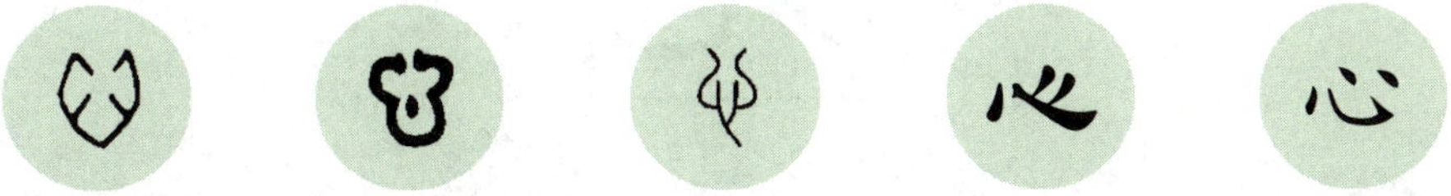

yīng yǔ yì diǎn tōng

【英语一点通】

“心”的英文是 heart，指“心脏”。在 heart 的字形中还包含着两个单词：hear（听见）和 ear（耳朵）。小朋友可以用“我的耳朵听见了心跳”来联想记忆 ear、hear 和 heart 这三个单词。另外，heart 在英文中还表示“纸牌中的红桃”，比如“红桃 10”就是 the 10 of hearts。

xiǎo péng you bèi shī cí

【小朋友背诗词】

chūn wàng

春　望

táng dù fǔ

〔唐〕杜　甫

guó pò shān hé zài，chéng chūn cǎo mù shēn

国破山河在，城春草木深。

gǎn shí huā jiàn lèi，hèn bié niǎo jīng xīn

感时花溅泪，恨别鸟惊心。

fēng huǒ lián sān yuè，jiā shū dǐ wàn jīn

烽火连三月，家书抵万金。

bái tóu sāo gèng duǎn，hún yù bú shèng zān

白头搔更短，浑欲不胜簪。

（**注释**　国：这里指京城长安。感时：感叹时事。烽火：这里指战争。抵：值。浑：简直。簪：古代男子成年后把头发绾在头顶上，用一根簪别住。）

元

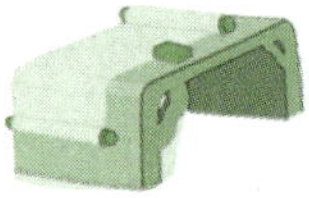

yuán shì wǒ men cháng jiàn de yí gè zì tā yǒu zhe fēng
“元”是我们常见的一个字，它有着丰
fù de zì yì dàn tā zuì chū shì zhǐ rén de nǎo dai jiǎ gǔ wén
富的字义。但它最初是指人的脑袋。甲骨文
de yuán shì zài rén de xiàng xíng shàng jiā yì duǎn yì cháng liǎng héng
的“元”是在人的象形上加一短一长两横
gòu chéng shàng duǎn xià cháng liǎng héng shì jiǎ gǔ wén de shàng
构成，上短下长两横是甲骨文的“上”
zì yīn cǐ rén yǔ shàng liǎng xíng huì yì yuán jí zhǐ
字，因此，“人”与“上”两形会意，“元”即指
rén de tóu bù jīn wén xiǎo zhuàn de zì xíng yǔ jiǎ gǔ wén yí mài
人的头部。金文、小篆的字形与甲骨文一脉
xiāng chéng dàn dào lì shū xià miàn de yǎn biàn wéi
相承。但到隶书，下面的“人”演变为
ér zì xíng yě yīn cǐ bèi gù dìng wéi yuán zài yuán
“儿”，字形也因此被固定为“元”。在“元”
běn yì tóu de jī chǔ shàng yǐn shēn chū hěn duō zì yì rú zài
本义“头”的基础上引申出很多字义，如在
yuán shén yuán mìng zhōng zhǐ tiān zài yuán dàn yuán nián zhōng
“元神、元命”中指天；在“元旦、元年”中
zhǐ kāi shǐ qǐ duān zài yuán yīn yuán sù zhōng zhǐ jī běn
指开始、起端；在“元音、元素”中指基本；
zài yuán zá jù yuán dài zhōng zhǐ wǒ guó gǔ dài chǔ yú sòng
在“元杂剧、元代”中指我国古代处于宋、
míng zhī jiān de yí gè cháo dài lìng wài yuán hái kě yǐ zuò
明之间的一个朝代。另外，“元”还可以作
wéi shù xué míng cí yǐ jí wǒ guó de huò bì dān wèi rú yì yuán
为数学名词以及我国的货币单位，如“一元
èr cì fāng chéng shí yuán qián děng
二次方程、十元钱”等。

yuán zì de yǎn biàn
【“元”字的演变】

甲骨文　金文　小篆　隶书　简体字

yīng yǔ yì diǎn tōng
【英语一点通】

“元”当作“开始的、第一”讲时，英文是 first。比如“元月”即 the first month of the year，就是指每年的第一个月，其中 month 指“月、月份”，year 指“年”。另外，单词 January 也表示“元月、一月”。当“元”作“基本”讲时，英文是 basic。

xiǎo péng you bèi shī cí
【小朋友背诗词】

yuán rì
元日

sòng wáng ān shí
〔宋〕王安石

bào zhú shēng zhōng yí suì chú　chūn fēng sòng nuǎn rù tú sū
爆竹声中一岁除，春风送暖入屠苏。

qiān mén wàn hù tóng tóng rì　zǒng bǎ xīn táo huàn jiù fú
千门万户曈曈日，总把新桃换旧符。

（**注释**　元日：农历正月初一。屠苏：这里指一种酒，古时候常在元日饮用。曈曈：形容太阳出来后天色渐亮的样子。）

首

“首”和“元”一样，本义都表示头。但与会意字“元”不同，“首”是一个象形字。甲骨文中，“首”是一个人的头的侧面图形，突出眼睛。到金文，字形改变，上边的三条竖线和一条横线分别表示头发和头皮，下边则是一只眼睛的象形，两形组合，仍指人的头。小篆承袭金文，但结构做了调整，字形也变得美观。隶书缘此写作“**首**”，完成了该汉字符号化的演变。“首”一般与“元”组成词语“元首”，指君主或国家最高领导人；还用来指第一，如“首位、首选”等；也可以指开端、开头或前端，如“首春、首岁、首尾相接”等；还能用来指方位，如“左首、门首”等。

shǒu zì de yǎn biàn

【“首”字的演变】

甲骨文　　金文　　小篆　　隶书　　简体字

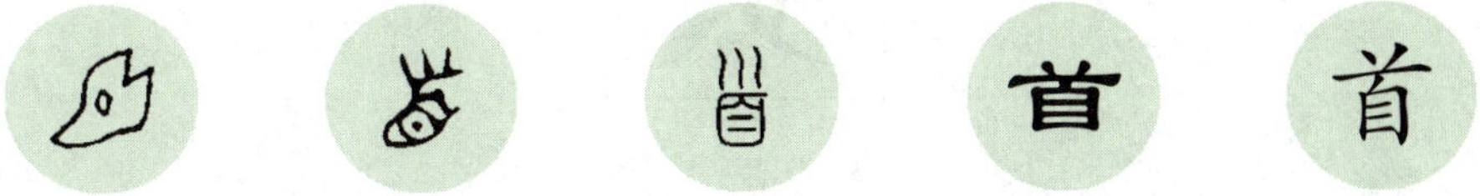

yīng yǔ yì diǎn tōng

【英语一点通】

“首”当作“头”讲时，英文是 head，如“He has a big head. ”就表示“他的头很大”。“首”当作“领导、领袖”讲时，英文是 leader。“首”当作“第一”讲时，英文则是 first，如“首先”即 first of all。

kě ài de zǔ guó

【可爱的祖国】

wǒ guó lì shǐ shàng dì yī gè guó jiā shì xià， dì yī rèn guó
我国历史上第一个国家是夏，第一任国
jūn shì yǔ de ér zi qǐ。 yǔ yuán lái shì bù luò lián méng de lǐng
君是禹的儿子启。禹原来是部落联盟的领
xiù， chēng wéi “bó”。 yǔ sǐ yǐ hòu， qǐ chéng wéi xià de tǒng
袖，称为“伯”。禹死以后，启成为夏的统
zhì zhě， jiù bú zài chēng “bó”， ér chēng wéi “hòu”。 shāng
治者，就不再称“伯”，而称为“后”。商
miè xià hòu， cóng shāng tāng kāi shǐ， guó jiā de shǒu nǎo bèi chēng
灭夏后，从商汤开始，国家的首脑被称
zuò “wáng”。 dài shāng ér qǐ de xī zhōu， guó jiā shǒu nǎo chú
作“王”。代商而起的西周，国家首脑除
chēng “wáng” wài， yòu chēng “tiān zǐ”。 qín shǐ huáng tǒng yī
称“王”外，又称“天子”。秦始皇统一
zhōng guó hòu， guó jiā shǒu nǎo gǎi chēng “huáng dì”， suǒ yǐ zuì
中国后，国家首脑改称“皇帝”，所以最
xiān shǐ yòng “huáng dì” zhè ge chēng hào de shì qín shǐ huáng。
先使用“皇帝”这个称号的是秦始皇。

页

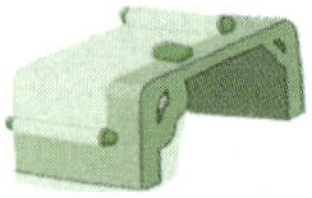

xiǎo péng you zhù yì dào méi yǒu hàn yǔ zhōng yǐ yè wéi
小朋友注意到没有？汉语中以“页”为
bù shǒu de zì qí zì yì dà dōu yǔ rén de tóu huò miàn yǒu guān
部首的字，其字义大都与人的头或面有关。
bǐ rú dǐng zhǐ tóu de shàng bù dùn zhǐ yòng tóu kòu dì
比如，“顶”指头的上部，“顿”指用头叩地，
lǐng zhǐ tóu xià bó zi de liǎng biān kē zhǐ liǎn de zuì xià
“领”指头下脖子的两边，“颏”指脸的最下
bù fen jí xià ba děng zhè shì yīn wèi yè hé shǒu yí
部分（即下巴）等。这是因为“页”和“首”一
yàng běn yì dōu biǎo shì tóu suī rán yè hé shǒu de
样，本义都表示“头”。虽然“页”和“首”的
jiǎn tǐ zì zì xíng xiāng chà shèn yuǎn dàn tā men zài jiǎ gǔ wén jīn
简体字字形相差甚远，但它们在甲骨文、金
wén zhōng de zì xíng què hěn xiāng sì jiǎ gǔ wén jīn wén zhōng
文中的字形却很相似。甲骨文、金文中，
yè bǐ shǒu duō le yí gè guì zhe de rén de tú xíng zhè shì
“页”比“首”多了一个跪着的人的图形，这是
wèi le qiáng diào rén de liǎn miàn yǔ rén tǐ de guān xì yǐ tū chū
为了强调人的脸面与人体的关系，以突出
rén de tóu bù xiǎo zhuàn hòu yè de zì xíng jiàn jiàn tuō lí
人的头部。小篆后，“页”的字形渐渐脱离
xiàng xíng de tè diǎn zhí dào jiǎn tǐ zì qí xià bàn bù fen xiě zuò
象形的特点。直到简体字，其下半部分写作
rén cái sì hū huí yìng le jiǎ gǔ wén jīn wén de xiàng xíng zì
“人”，才似乎回应了甲骨文、金文的象形字
xíng yè de běn yì xiàn zài yǐ jī běn bú yòng cháng yòng de
形。“页”的本义现在已基本不用，常用的
wéi qí yǐn shēn yì shū yè děng
为其引申义“书页”等。

yè zì de yǎn biàn

【“页”字的演变】

甲骨文　金文　小篆　隶书　简体字

yīng yǔ yì diǎn tōng

【英语一点通】

“页”的英文是 page，表示书、期刊等印刷品的页。比如，“打开书翻到第 36 页”的英文就是 open your books to page 36；又如“一本 100 页的书”的英文就是 a book of 100 pages。另外，英文 leaf 也能表示“书刊中的一页”，但 leaf 是指一页的正反两面，即 one leaf 相当于 two pages。

kē pǔ xiǎo zhī shi

【科普小知识】

yè yán shì yì zhǒng jù yǒu báo yè zhuàng huò báo piàn zhuàng céng
页岩是一种具有薄页状或薄片状层
lǐ de nián tǔ yán gēn jù qí hùn rù wù de chéng fèn kě fēn wéi
理的黏土岩。根据其混入物的成分，可分为
gài zhì yè yán tiě zhì yè yán guī zhì yè yán hēi sè yè yán yóu
钙质页岩、铁质页岩、硅质页岩、黑色页岩、油
mǔ yè yán děng yè yán xíng chéng yú jìng shuǐ huán jìng zhōng suǒ yǐ
母页岩等。页岩形成于静水环境中，所以
jīng cháng cún zài yú hú pō hé liú sān jiǎo zhōu dì dài hǎi yáng dà
经常存在于湖泊、河流三角洲地带，海洋大
lù jià zhōng yě yǒu yè yán zhōng jīng cháng bāo hán gǔ dài dòng zhí
陆架中也有。页岩中经常包含古代动植
wù de huà shí yǒu shí yě yǒu dòng wù de zú jì huà shí shèn zhì gǔ
物的化石，有时也有动物的足迹化石，甚至古
dài yǔ dī de hén jì dōu kě néng zài yè yán zhōng bǎo cún xià lái
代雨滴的痕迹都可能在页岩中保存下来。

见

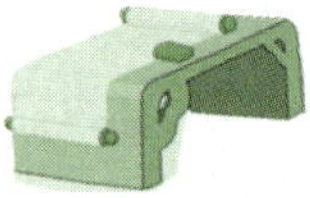

yǎn jing shì shì jué qì guān rén men yòng tā duì shì wù jìn
眼睛是视觉器官，人们用它对事物进
xíng zhù shì guān chá fā xiàn děng huó dòng wèi le qū bié zhè xiē
行注视、观察、发现等活动。为了区别这些
huó dòng de chā yì gǔ rén gēn jù mù zì zào chū le yǔ yǎn jing
活动的差异，古人根据“目”字造出了与眼睛
huó dòng xiāng guān de yì xiē huì yì zì jiàn zì jiù shì qí zhōng
活动相关的一些会意字，“见”字就是其中
zhī yī jiǎ gǔ wén jīn wén zhōng jiàn yóu yǎn jing hé rén de
之一。甲骨文、金文中，“见”由眼睛和人的
tú xíng huì yì ér chéng bìng yǐ mù zài rén zhī shàng tū chū
图形会意而成，并以“目”在“人”之上突出
qiáng diào yǎn jing de zuò yòng jí biǎo shì kàn jiàn kàn dào xiǎo
强调眼睛的作用，即表示“看见、看到”。小
zhuàn shí zì xíng zhōng de yǎn jing yǎn biàn wéi shù qǐ lái de
篆时，字形中的眼睛演变为竖起来的
mù shǎo le hěn duō xiàng xíng de yì yùn dào lì shū xià miàn
“目”，少了很多象形的意韵。到隶书，下面
de rén xíng biàn wéi ér yǔ mù zǔ hé zì xíng de huì yì
的人形变为“儿”，与“目”组合，字形的会意
yùn wèi jī hū sàng shī dài jìn hàn zì jiǎn huà hòu jiàn xiě zuò
韵味几乎丧失殆尽。汉字简化后，“見”写作
jiàn zé wán quán zǒu xiàng fú hào huà zài běn yì jī chǔ
“见”，则完全走向符号化。在本义基础
shàng jiàn de zì yì yǒu hěn duō yǐn shēn rú zài jiē jiàn
上，“见”的字义有很多引申，如在“接见”
zhōng biǎo shì huì wù huì miàn zhī yì zài jiàn xiào zhōng yòng zuò
中表示会晤、会面之义；在“见笑”中用作
zhù cí biǎo shì bèi dòng zhī yì děng
助词，表示被动之义等。

jiàn zì de yǎn biàn
【“见”字的演变】

甲骨文 金文 小篆 隶书 简体字

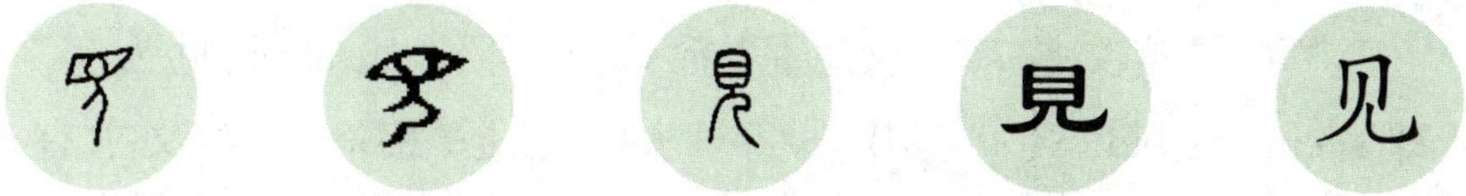

yīng yǔ yì diǎn tōng
【英语一点通】

“见”的英文是 see，意思是“看见、看到”。比如“眼见为实”即 seeing is believing，其中 believe 的意思是“相信”。英文中有一个单词 sea 与 see 的读音相同，但 sea 的意思是“海、海洋”。与 see 音、形相似的单词还有 bee(蜜蜂)。

cí yǔ jù bǎo pén
【词语聚宝盆】

bú jiàn jīng zhuàn yì si shì jīng zhuàn lǐ méi yǒu jì zǎi
“不见经传”意思是经传里没有记载。
jīng zhuàn zhǐ jīng diǎn de zhù zuò zhè yì chéng yǔ yòng lái zhǐ
经传，指经典的著作。这一成语用来指
rén huò shì wù méi duō dà míng qi bú dà wéi rén suǒ zhī yě zhǐ
人或事物没多大名气，不大为人所知；也指
shuō huà huò xíng wén méi yǒu shū běn gēn jù lì rú shàng jiè
说话或行文没有书本根据。例如，上届
pīng pāng qiú sài de guàn jūn zhè cì què bèi yí gè míng bú jiàn jīng
乒乓球赛的冠军这次却被一个名不见经
zhuàn de xiǎo jiàng dǎ bài bào chū le běn jiè bǐ sài de zuì dà lěng
传的小将打败，爆出了本届比赛的最大冷
mén bú jiàn jīng zhuàn de jìn yì cí yǒu wú shēng wú xī
门。“不见经传”的近义词有“无声无息、
mò mò wú wén wú míng xiǎo zú fǎn yì cí yǒu hè hè yǒu
默默无闻、无名小卒”，反义词有“赫赫有
míng dà míng dǐng dǐng jìn rén jiē zhī děng
名、大名鼎鼎、尽人皆知”等。

相

老师常说：“同学们要互相帮助。”这句话里，“相”的意思是“交互”。但小朋友知道吗？“相”字最初却是与眼睛有关的动词。甲骨文、金文中，“相”由树木和眼睛的图形会意而成，形象地反映了古人的一种劳动场景：他们经常伐木取材，但用途不同，所要砍伐的树木就有区别，因此在砍伐之前，他们会用眼睛仔细观察、辨别树木的形状、质地、大小等。这一场景被描绘在古人所造的字中，就赋予了“相”的本义即“观察、审视”。从小篆起，“相”字日趋符号化，但左“木”右“目”的结构一直未变。

“相”是多音字，读作xiàng时，引申为容貌、样子，如“相貌、可怜相”等；还可作辅佐之义，用作官名，如“宰相、首相”等。

zì de yǎn biàn
【“相”字的演变】

甲骨文　金文　小篆　隶书　简体字

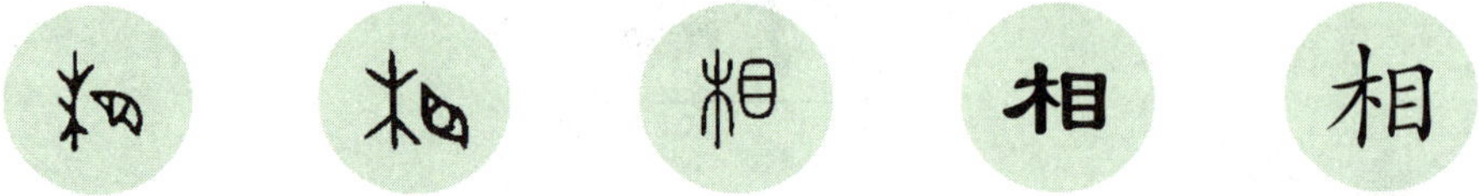

yīng yǔ yì diǎn tōng

【英语一点通】

“相”(xiāng)表示“观察”时，英文是 observe，比如“相时”即 observe the situation(形势)，也就是“观察形势”。“相”(xiàng)表示“容貌”时，英文是 appearance，比如“怪相”即 strange(奇怪的) appearance。“相”(xiàng)用作官名时，英文是 minister(首相)。

xiǎo péng you bèi shī cí

【小朋友背诗词】

shī jīng yōng fēng xiàng shǔ

诗经·鄘风·相鼠

xiàng shǔ yǒu pí rén ér wú yí rén ér wú yí bù sǐ hé wéi
相鼠有皮，人而无仪。人而无仪，不死何为？

xiàng shǔ yǒu chǐ rén ér wú zhǐ rén ér wú zhǐ bù sǐ hé sì
相鼠有齿，人而无止。人而无止，不死何俟？

xiàng shǔ yǒu tǐ rén ér wú lǐ rén ér wú lǐ hú bù chuán sǐ
相鼠有体，人而无礼。人而无礼，胡不遄死？

(**注释**　相：察看。仪：礼仪。止：节制。俟：等待。遄：迅速。)

监

xiǎo péng you měi rì xǐ shù shí jiā lǐ yǒu jìng zi kě yǐ
小朋友每日洗漱时，家里有镜子可以
zhào dàn zài shàng gǔ shí qī wǒ men de zǔ xiān zhǐ néng duān pén shuǐ
照，但在上古时期，我们的祖先只能端盆水
dàng jìng zi yòng gǔ rén zào chū de jiān zì miáo huì de jiù shì
当镜子用。古人造出的“监”字描绘的就是
zhè zhǒng shēng huó zhuàng tài jiǎ gǔ wén zhōng jiān yóu chéng shuǐ
这种生活状态。甲骨文中，“监”由盛水
de qì mǐn yǎn jing hé rén sān xíng huì yì ér chéng biǎo shì rén zhēng
的器皿、眼睛和人三形会意而成，表示人睁
dà yǎn jing kàn shuǐ zhōng zì jǐ de liǎn jí cóng qì mǐn de shuǐ zhōng
大眼睛看水中自己的脸，即从器皿的水中
zhào kàn zì jǐ de miàn yǐng dào jīn wén sān zhǒng xiàng xíng tú huà
照看自己的面影。到金文，三种象形图画
fēn kāi qì mǐn shàng hái duō chū yì xiǎo héng biǎo shì qì zhōng yǒu
分开，器皿上还多出一小横，表示器中有
shuǐ dàn jiān de běn yì bú biàn réng huì yì wéi zhào yǐng
水，但“监”的本义不变，仍会意为“照影”。
xiǎo zhuàn zì xíng yuán yú jīn wén xiàn tiáo biàn de yuán rùn dào lì
小篆字形源于金文，线条变得圆润。到隶
shū yǐ wán quán fú hào huà hàn zì jiǎn huà hòu xiě zuò jiān
书，已完全符号化。汉字简化后，写作“监”。
zài zì tǐ fā zhǎn zhōng jiān de zì yì yě fā shēng yǎn biàn
在字体发展中，“监”的字义也发生演变，
yóu zhào kàn zì jǐ de miàn yǐng yǐn shēn chū jìng zi zhī yì hái
由照看自己的面影引申出“镜子”之义，还
yǐn shēn wéi guān chá bié de rén huò shì wù yě jí yǒu le jiè jiàn
引申为观察别的人或事物，也即有了“借鉴、
jiān shì jiān dū děng zì yì
监视、监督”等字义。

jiān zì de yǎn biàn

【“监”字的演变】

甲骨文　金文　小篆　隶书　简体字

yīng yǔ yì diǎn tōng
【英语一点通】

“监”(jiān)指“监狱”时，英文有两个词：一个是 jail，另一个是 prison。两者区别在于 jail 既能作名词，也能作动词，而 prison 只作名词。与 jail 音、形相似的词有 tail(尾巴)。

cí yǔ jù bǎo pén
【词语聚宝盆】

jiān shǒu zì dào yǔ chū hàn shū yì si shì qiè qǔ gōng
“监守自盗”语出《汉书》，意思是窃取公
wù shàng zì jǐ kān guǎn de cái wù jiān shǒu kān guǎn dào
务上自己看管的财物。监守：看管；盗：
dào qiè lì rú tā jiān shǒu zì dào duō cì qiè qǔ gōng kuǎn
盗窃。例如：她监守自盗，多次窃取公款，
zuì zhōng shòu dào fǎ lǜ zhì cái jiān shǒu zì dào de jìn yì
最终受到法律制裁。“监守自盗”的近义
cí yǒu jiàn lì wàng yì zhī fǎ fàn fǎ fǎn yì cí yǒu yǐ
词有“见利忘义、知法犯法”，反义词有“以
shēn zuò zé liǎng xiù qīng fēng kè jǐ fèng gōng děng
身作则、两袖清风、克己奉公”等。

省

zhōng guó shì shì jiè nóng yè zhǔ yào fā xiáng dì zhī yī wǒ
中国是世界农业主要发祥地之一，我
men de zǔ xiān hěn zǎo jiù chuàng zào le càn làn huī huáng de nóng gēng
们的祖先很早就创造了灿烂辉煌的农耕
wén míng xǐng zì zuì chū jiù shì yuǎn gǔ xiān mín gēng zuò de xiě
文明，“省”字最初就是远古先民耕作的写
zhào jiǎ gǔ wén jīn wén zhōng xǐng yóu cǎo hé yǎn jing de
照。甲骨文、金文中，“省”由草和眼睛的
tú xíng huì yì ér chéng rú tóng shù mù hé yǎn jing huì yì chéng
图形会意而成，如同树木和眼睛会意成
xiāng biǎo shì guān chá shěn shì yí yàng xǐng de běn yì
“相”表示“观察、审视”一样，“省”的本义
yě jí chá kàn dào xiǎo zhuàn zì xíng biàn de fù zá cǎo hé
也即“察看”。到小篆，字形变得复杂，草和
yǎn jing dōu shī qù le xiàng xíng de tè diǎn kāi shǐ fú hào huà
眼睛都失去了象形的特点，开始符号化。
lì shū yuán cǐ xiě zuò xǐng bìng gù dìng xià lái yán yòng zhì jīn
隶书缘此写作“省”并固定下来，沿用至今。
shì duō yīn zì biǎo shì chá kàn tàn wàng míng bai děng yì
“省”是多音字，表示察看、探望、明白等义
shí dú zuò rú xǐng chá xǐng qīn xǐng wù děng biǎo shì
时读作 xǐng，如“省察、省亲、省悟”等；表示
jīng jiǎn jié yuē miǎn chú děng yì shí dú zuò rú
“精简、节约、免除”等义时读作 shěng，如
shěng bǐ shěng shí shěng què děng
“省笔、省时、省却”等。

zì de yǎn biàn

【“省”字的演变】

甲骨文 金文 小篆 隶书 简体字

yīng yǔ yì diǎn tōng

【英语一点通】

“省”(shěng)的英文是 province，指行政区划单位，如“山东省”即 Shandong Province。当“省”指“节省”时，英文是 save，如 save time 就是“节省时间”。与 save 音、形相似的词有 cave(洞穴)、safe(安全的)等。

jì yǔ xiǎo dú zhě

【寄语小读者】

lún yǔ zhōng jì lù le kǒng zǐ de dé yì dì zǐ zēng zǐ
《论语》中记录了孔子的得意弟子曾子
de yí duàn huà dà yì shì wǒ měi tiān duō cì fǎn xǐng zì jǐ
的一段话，大意是：我每天多次反省自己，
tì rén jia móu lǜ shì fǒu bú gòu jìn xīn hé péng you jiāo wǎng
替人家谋虑是否不够尽心？和朋友交往
shì fǒu bú gòu chéng xìn lǎo shī chuán shòu de xué yè shì fǒu fǎn
是否不够诚信？老师传授的学业是否反
fù liàn xí shí jiàn le zhè duàn huà shì jiāo dà jiā yào xué huì zì
复练习实践了？这段话是教大家要学会自
jué de jiǎn chá fǎn xǐng zì jǐ zhè yàng cái néng sù zào liáng hǎo
觉地检查、反省自己，这样才能塑造良好
de gè rén pǐn gé bìng shǐ zì jǐ bú duàn jìn qǔ zuì zhōng zài
的个人品格，并使自己不断进取，最终在
xué yè gōng zuò shàng qǔ dé chéng jiù
学业、工作上取得成就。

视

shì yě shì gǔ rén gēn jù mù zì chuàng zào de yí gè
“视”也是古人根据“目”字创造的一个
huì yì zì jiǎ gǔ wén zhōng shì yóu shì hé mù gòu
会意字。甲骨文中，“视”由“示”和“目”构
chéng shì dài biǎo tiān xiàng shì zé biǎo shì yòng yǎn jing kàn
成。“示”代表天象，“视”则表示用眼睛看
tiān xiàng biàn huà de guò chéng yú shì zhè ge zì de yì si jiù shì
天象变化的过程，于是这个字的意思就是
kàn guān chá dào jīn wén zì xíng yǎn biàn wéi zuǒ yòu jié gòu yǎn
看、观察。到金文，字形演变为左右结构，眼
jing zhī xíng yě gǎi biàn le dàn zhěng tǐ réng tǐ xiàn zhe mù guāng jù
睛之形也改变了，但整体仍体现着目光聚
jiāo yì diǎn de gòu xíng xiǎo zhuàn yuán yú jīn wén què yòu biàn huà
焦一点的构形。小篆源于金文，却又变化
wéi xíng cóng jiàn yīn cóng shì de xíng shēng zì lì shū yuán
为形从“见”、音从“示”的形声字。隶书缘
cǐ xiě zuò shì jiǎn huà hòu zì xíng biàn wéi shì shì
此写作“**視**”。简化后字形变为“视”。“视”
de běn yì jí shěn shì xì kàn hòu yǐn shēn wéi kàn dài kàn wàng
的本义即审视、细看，后引申为看待、看望、
qīn lín mǒu shì děng rú zhòng shì tàn shì shì chá děng lìng
亲临某事等，如“重视、探视、视察”等。另
wài shì yǔ jiàn dōu yǒu kàn de yì si qū bié zài yú
外，“视”与“见”都有“看”的意思，区别在于
shì biǎo shì kàn de dòng zuò ér jiàn zhuó zhòng kàn de jié
“视”表示看的动作，而“见”着重看的结
guǒ rú chéng yǔ shì ér bú jiàn jí kàn le dàng méi kàn dào qí
果，如成语“视而不见”即看了当没看到，其
zhōng shì yǔ jiàn de qū bié jiù hěn míng xiǎn
中“视”与“见”的区别就很明显。

【“视”字的演变】

甲骨文	金文	小篆	隶书	简体字

【英语一点通】

“视”的英文是 look，意思是“看”。英文单词 look 和 see 都有“看”的含义，但 look 表示看的动作，而 see 表示看见的结果。比如“He looked but saw nothing.”意思就是“他看了看，但什么也没看见”，其中 saw 是 see 的过去式，nothing 的意思是“没有什么”。

【科普小知识】

1925 年，英国人约翰·洛吉·贝尔德发明了电视机，他被称作“电视之父”。电视机按色彩可分为彩色电视机、黑白电视机，按网络功能可分为普通电视机、互联网电视机，按观看角度可分为直视式电视机、投影式电视机等。我国第一台黑白电视机诞生于 1958 年，我国第一台彩色电视机诞生于 1970 年。

闻

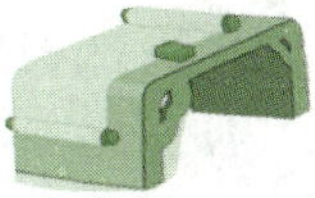

“闻”在“新闻、奇闻”中作名词，指“消息”；也可以作动词，表示用鼻子嗅到，或者用耳朵听到，而“用耳朵听到”则是它的本义。甲骨文中，“闻”由两部分组成：右边是一个耳朵的象形，左边是一个跪坐的人以单手护耳的图形，两形会意，指侧耳听到什么。到金文，“闻”的字形变得复杂，右边仍是耳朵的象形，左边人的图形变为双手护耳的站立姿态，并在人形上增加了一个表示脚的符号“止”，中间还多出一点表示脚站立，多形会意，指人因听到什么而停下来。到小篆，“闻”字弃旧不用，重新构形，演变为意从“耳”、声从“门”的会意兼形声字，指人隔着门听到了什么。隶书承袭小篆，汉字简化后写作“闻”。

wén zì de yǎn biàn
【“闻”字的演变】

甲骨文 金文 小篆 隶书 简体字

yīng yǔ yì diǎn tōng
【英语一点通】

“闻”表示“听见”的意思时，英文是 hear。英文中，listen 和 hear 都表示“听”，但 listen 是指听的动作，而 hear 指听的结果。比如“听而不闻”即 listen but not hear。当“闻”指“用鼻子嗅”时，英文是 smell；当表示“新闻”时，则是 news。

cí yǔ jù bǎo pén
【词语聚宝盆】

wén jī qǐ wǔ diǎn chū jìn shū yì si shì yì tīng jiàn
“闻鸡起舞”典出《晋书》，意思是一听见
jī jiào jiù qǐ chuáng liàn jiàn xíng róng yǒu zhì bào guó zhī shì fèn
鸡叫就起床练剑，形容有志报国之士奋
fā tú qiáng yě bǐ yù zhuā jǐn shí jiān bú xiè nǔ lì jī jī
发图强，也比喻抓紧时间不懈努力。鸡：鸡
míng bào xiǎo lì rú yuè fēi cóng xiǎo lì zhì bào guó tā wén
鸣报晓。例如，岳飞从小立志报国，他闻
jī qǐ wǔ kǔ liàn wǔ yì zhōng yú chéng wéi jìn zhōng bào guó de
鸡起舞、苦练武艺，终于成为尽忠报国的
kàng jīn yīng xióng yǔ wén jī qǐ wǔ jìn yì de cí yǒu fā
抗金英雄。与“闻鸡起舞”近义的词有“发
fèn tú qiáng zì qiáng bù xī děng fǎn yì de cí yǒu gǒu qiě
愤图强、自强不息”等，反义的词有“苟且
tōu ān zì bào zì qì děng
偷安、自暴自弃”等。

听

qǐng xiǎo péng you duì bǐ yí xià tīng hé wén de jiǎ gǔ
请小朋友对比一下“听”和“闻”的甲骨
wén zì xíng shì bú shì fā xiàn tā men dōu shì yóu ěr duo huì yì ér
文字形，是不是发现它们都是由耳朵会意而
chéng dàn zhè liǎng gè zì shì yǒu qū bié de tīng shì zhǐ tīng
成？但这两个字是有区别的：“听”是指听
de zhuàng tài ér wén shì zhǐ tīng de jié guǒ jí tīng dào jiǎ
的状态；而“闻”是指听的结果，即听到。甲
gǔ wén de tīng zuǒ biān shì ěr duo de xiàng xíng yòu biān shì yí
骨文的“听”，左边是耳朵的象形，右边是一
gè biǎo shì shuō huà de kǒu liǎng xíng huì yì zhǐ yòng ěr duo jiē
个表示说话的“口”，两形会意，指用耳朵接
shōu shēng yīn jīn wén de zì xíng jiāng biǎo shì shēng yīn de fú hào
收声音。金文的字形将表示声音的符号
yí dào ěr duo nèi réng huì yì wéi jiē shōu shēng yīn dào xiǎo zhuàn
移到耳朵内，仍会意为接收声音。到小篆，
tīng yǎn biàn wéi xíng shēng zì suī rán jié gòu zhōng bǎo liú le
“听”演变为形声字，虽然结构中保留了
ěr dàn zì xíng biàn de fù zá lì shū yuán cǐ xiě zuò
“耳”，但字形变得复杂；隶书缘此写作
tīng jí shēng cóng rén yì cóng ěr dé jí ěr yǒu
“聽”，即声从“壬”、意从“耳、德”（即耳有
suǒ dé de xíng shēng zì hàn zì jiǎn huà hòu xiě zuò tīng zài
所得）的形声字；汉字简化后写作“听”。在
běn yì de jī chǔ shàng tīng yǐn shēn wéi shùn cóng jiē shòu yì
本义的基础上，“听”引申为顺从、接受意
jiàn rú yán tīng jì cóng děng hái yǐn shēn wéi rèn píng fàng rèn
见，如“言听计从”等；还引申为任凭、放任，
rú tīng zhī rèn zhī děng
如“听之任之”等。

tīng zì de yǎn biàn
【“听”字的演变】

甲骨文　金文　小篆　隶书　简体字

yīng yǔ yì diǎn tōng
【英语一点通】

“听”的英文是 listen，一般指听的状态，比如“听广播”就是 listen to the radio。小朋友从单词 listen 中还能找到两个单词，一个是 list，意思是“目录、名单”；一个是 ten，意思是“十”。

kē pǔ xiǎo zhī shi
【科普小知识】

bǎo hù tīng lì de fāng fǎ xiǎo péng you tīng ěr jī de shí jiān bù
保护听力的方法：1. 小朋友听耳机的时间不
yí guò cháng měi cì bù néng chāo guò fēn zhōng ěr jī shēng yīn bù
宜过长，每次不能超过 30 分钟；耳机声音不
yí guò dà bù néng chāo guò fēn bèi yīng gāi bì miǎn gè zhǒng
宜过大，不能超过 60 分贝。2. 应该避免各种
zào shēng yīn wèi cháng qī chǔ yú zào shēng huán jìng xià róng yì dǎo zhì
噪声，因为长期处于噪声环境下，容易导致
tīng lì tuì huà tīng lì shòu sǔn yīng jí zǎo jiù yī zào shēng huán jìng
听力退化。3. 听力受损应及早就医，噪声环境
yǐn qǐ de tīng lì sǔn shāng yīng zài sān zhōu nèi jiě jué bù néng suí
引起的听力损伤应在三周内解决。4. 不能随
biàn yòng bù jié de xiǎo mù bàng fà qiǎ děng wā ěr zhǐ yǎng bì miǎn sǔn
便用不洁的小木棒、发卡等挖耳止痒，避免损
shāng ěr dào shēn chù de gǔ mó yǐn qǐ tīng lì jiǎn tuì bì miǎn ěr
伤耳道深处的鼓膜，引起听力减退。5. 避免耳
zhōu gāo qì yā de yǐng xiǎng rú bù néng yòng zhǎng jī rén ěr bù děng
周高气压的影响，如不能用掌击人耳部等。

圣

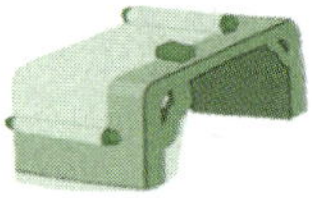

dāng wǒ men chóng bài jìng yǎng mǒu gè shì wù shí huì zūn
当我们崇拜、敬仰某个事物时，会尊
qí wéi shèng biǎo shì chóng gāo zhī yì rú shén shèng de zǔ
其为“圣”，表示崇高之义，如“神圣的祖
guó ér dāng wǒ men chēng xué wen jì shù yǒu tè gāo chéng jiù de
国”；而当我们称学问、技术有特高成就的
rén shí yě huì zūn qí wéi shèng biǎo shì gāi rén jīng tōng mǒu
人时，也会尊其为“圣”，表示该人精通某
zhǒng jì yì rú qí shèng děng shèng zì de gài niàn hěn
种技艺，如“棋圣”等。“圣”字的概念很
chōu xiàng gǔ rén zài zào gāi zì shí zhǐ néng yī jù xiàng xíng zì
抽象，古人在造该字时，只能依据象形字
huì yì ér chéng jiǎ gǔ wén jīn wén de shèng yóu liǎng bù fen
会意而成。甲骨文、金文的“圣”由两部分
zǔ chéng yòu biān shì yí gè rén xíng jiā shàng ěr duo de tú xíng
组成：右边是一个人形加上耳朵的图形，
biǎo shì rén yòng ěr qīng tīng zuǒ biān shì yí gè kǒu xíng biǎo shì qīng
表示人用耳倾听；左边是一个口形，表示清
chu de shuō chū lái liǎng xíng huì yì jí zhǐ rén jì shàn yú qīng tīng
楚地说出来；两形会意，即指人既善于倾听
yòu néng qīng chu biǎo dá yě jiù shì shuō shèng de běn yì jí
又能清楚表达。也就是说，“圣”的本义即
tōng dá shì lǐ dào xiǎo zhuàn zì xíng zhōng zēng jiā le yí gè biǎo
通达事理。到小篆，字形中增加了一个表
shēng de rén zhì cǐ shèng biàn yǎn biàn wéi huì yì jiān xíng
声的“壬”，至此，“圣”便演变为会意兼形
shēng zì lì shū yuán cǐ xiě zuò shèng hàn zì jiǎn huà hòu
声字。隶书缘此写作“聖”。汉字简化后，
zì xíng cái què dìng wéi xiàn zài cháng yòng de shèng
字形才确定为现在常用的“圣”。

【“圣”字的演变】

甲骨文	金文	小篆	隶书	简体字
	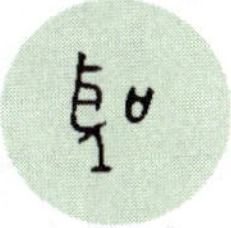		聖	圣

【英语一点通】

“圣”表示“神圣的”意思时，英文是 sacred，比如“神圣的使命”就是 sacred mission（使命、任务）。当“圣”表示“圣人”时，英文是 sage，比如“诗圣”就是 Sage of Poetry，其中 poetry（诗歌）即由 poet（诗人）变化而来。

【词语聚宝盆】

“圣人”旧时指品格最高尚、智慧最高超的人物，有时也专指孔子。“圣贤”是圣人与贤人的合称，也指品德高尚、有超凡才智的人。“圣哲”则是圣人与哲人的合称，指具有超凡品德、才智的人。“圣手”则指某些方面技艺高超的人。

言

xiǎo péng you guān chá hàn zì yán tā de zì xíng zhōng yǒu
小朋友观察汉字“言”，它的字形中有
yí gè kǒu shuō míng qí zì yì yǔ kǒu yǒu guān rú guǒ
一个“口”，说明其字义与“口”有关。如果
wǒ men zhuī gēn sù yuán huì fā xiàn yán shì gǔ rén zài shé zì
我们追根溯源，会发现“言”是古人在“舌”字
de jī chǔ shàng chuàng zào de yí gè zhǐ shì zì jiǎ gǔ wén jīn
的基础上创造的一个指事字。甲骨文、金
wén de yán shì zài shé de jiǎ gǔ wén zì xíng shàng jiā shàng
文的“言”，是在“舌”的甲骨文字形上加上
yì duǎn héng yòng yú zhǐ shì biǎo shì tuò mo chū yú kǒu shé yòu zài
一短横用于指事，表示唾沫出于口舌；又在
shé de zì xíng zhōng jiān jiā shàng xiāng duì de duǎn xié héng biǎo
“舌”的字形中间加上相对的短斜横，表
shì shé tou de yáo dòng zhěng gè zì xíng jiù biǎo shì rén zài shuō
示舌头的摇动。整个字形就表示人在说
huà dào xiǎo zhuàn zì xíng biàn de fù zá wèi le biǎo shì yǔ
话。到小篆，字形变得复杂，为了表示语
yīn yòu zài jīn wén de zì xíng shàng jiā le yì duǎn héng jìn xíng zhǐ
音，又在金文的字形上加了一短横进行指
shì lì shū yuán cǐ xiě zuò yán zì xíng guī zhěng dàn yǐ wán
事。隶书缘此写作“言”，字形规整，但已完
quán fú hào huà yán zài běn yì shuō huà de jī chǔ shàng yǐn
全符号化。“言”在本义说话的基础上，引
shēn wéi shuō de huà rú fā yán míng yán děng hái kě yǐ jiǎn
申为说的话，如“发言、名言”等；还可以简
huà wéi zuò piān páng zǔ chéng tán fěng shuō děng zì
化为“讠”作偏旁，组成“谈、讽、说”等字。

【“言”字的演变】

甲骨文　金文　小篆　隶书　简体字

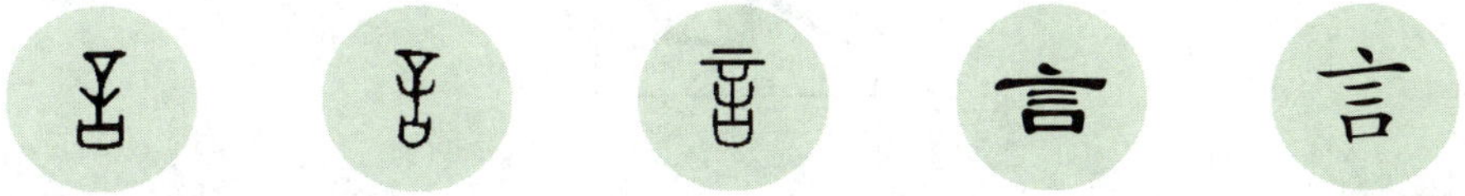

【英语一点通】

“言”表示“说话”时，英文可以用 say、talk、speak、tell 这四个单词来表达。但 say 强调说话内容，talk 指双方谈话，speak 强调说话的动作，而 tell 着重告诉之义。比如，在会上发言(speak)之后，他跟学生们进行了交谈(talk)，并告诉(tell)他们，他讲(say)的话很重要。

【科普小知识】

五言诗是我国古代一种全篇由五字句构成的诗歌体裁，它由四言诗发展而来。作为一种独立的诗体，五言诗约起源于西汉，在东汉末年趋于成熟。由于五言诗适应了汉代社会生活的需要，能够容纳更多词汇，从而更加灵活细致地抒情和叙事，因此它逐步取代四言诗，成为古典诗歌的主要形式之一。《古诗十九首》是五言诗的典范，历来有“五言之冠冕”“千古五言之祖”的美誉。

名

我们每个人都有姓名，姓名是代表一个人，并区别于其他人的一种称号。一般来说，姓名是让他人称呼的，只有在特殊情况下，我们才会自报姓名。古人创造的抽象概念“名”字描绘的就是一个自报姓名的情景。甲骨文的“名”为左右结构，左边为口的象形，右边为表示傍晚的指事字“夕”，两形会意，指因天黑无法看清楚对方，需要彼此互报姓名，即“名”的本义指自报姓名。从金文起，甲骨文的字形结构有所调整，变为上“夕”下“口”。到隶书，字形规整为“名”，之后一直沿用。现在，“名”可以作动词，表示说出、占有等，如“莫名其妙、不名一文”；也可以作名词、形容词，表示名声、名誉、著名的、名贵的等。

míng zì de yǎn biàn

【“名”字的演变】

甲骨文　金文　小篆　隶书　简体字

yīng yǔ yì diǎn tōng

【英语一点通】

“名”的英文是 name。但是，英文中“名”“姓”有别：“名”是 first name 或 given name，“姓”是 last name、family name 或 surname。小朋友知道吗？英语国家中的姓和名的顺序和我们相反，名在姓之前。比如，英国著名科学家 Isaac Newton（艾萨克·牛顿）的名字中，Isaac 是名，Newton 是姓。

kē pǔ xiǎo zhī shi

【科普小知识】

bǎi jiā xìng shì yì běn guān yú zhōng wén xìng shì de shū chéng shū yú běi sòng chū nián yuán shōu jí xìng shì gè hòu zēng bǔ dào gè qí zhōng dān xìng gè fù xìng gè jù shuō zhè zhǐ shì jiàn zhī yú wén xiàn de duō gè zhōng guó xìng shì zhōng hěn xiǎo de yí bù fen bǎi jiā xìng de xìng shì cì xù bú shì yī jù gè xìng shì rén kǒu shù liàng pái liè de zhào qián sūn lǐ shì pái zài qí qián sì wèi de xìng sān zì jīng yǔ bǎi jiā xìng qiān zì wén bìng chēng sān bǎi qiān shì zhōng guó gǔ dài yòu ér de qǐ méng dú wù

《百家姓》是一本关于中文姓氏的书，成书于北宋初年。原收集姓氏 411 个，后增补到 504 个，其中单姓 444 个、复姓 60 个。据说这只是见之于文献的、5600 多个中国姓氏中很小的一部分。《百家姓》的姓氏次序不是依据各姓氏人口数量排列的，“赵钱孙李”是排在其前四位的姓。《三字经》与《百家姓》《千字文》并称“三百千”，是中国古代幼儿的启蒙读物。

甘

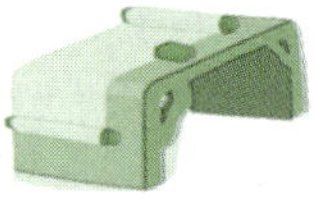

小朋友喜欢吃巧克力吗？那甜美的感觉是不是很爽口呢？我们的祖先也有自己喜欢吃的食物，甚至有时会把可口的东西含在嘴里久久品味。甲骨文的“甘”描画的就是古人嘴里含有甘美之物的样子：它是在“口”中加上了一横，表示口中含有食物；因为能含在口中的食物往往是甜美的，所以“甘”又会意为味美。到隶书，为与“曰”字区别，字形上边的一横向两边伸出，写作“**甘**”，之后便固定下来。在字体演变中，“甘”的字义得到扩展，可以用来表示美好，如“甘霖”等；也可以表示自愿、乐意，如“甘愿”等；还可以用作名词，表示甜味，如“甘苦”等。小朋友，甜甜的巧克力虽然好吃，但多吃对牙齿可不好，要注意哟！

gān zì de yǎn biàn

【“甘”字的演变】

甲骨文　金文　小篆　隶书　简体字

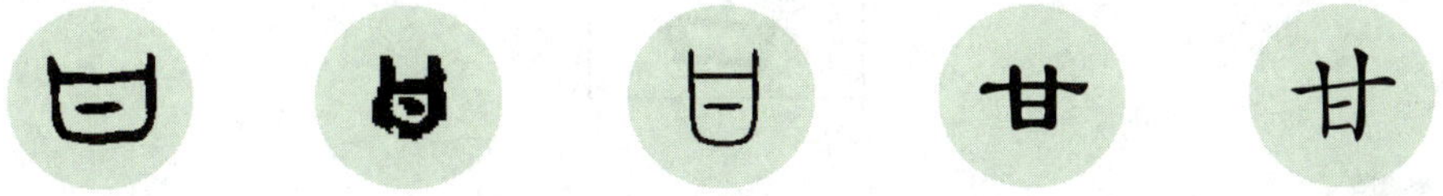

yīng yǔ yì diǎn tōng

【英语一点通】

“甘”的英文是 sweet，意思是“甜的”。比如，“甘泉”就是 sweet spring water，其中 spring 的意思是“泉”，water 即“水”，三个单词合起来就表示“甜甜的泉水”。和 sweet 字形相似的词有 sweat（汗水），另外，spring 还有一个意思是“春天”，小朋友要注意区分哟！

xiǎo péng you tīng gù shi

【小朋友听故事】

zhàn guó shí qī yān zhāo wáng jì wèi zhī chū wèi fù mín
战国时期，燕昭王继位之初，为富民
qiáng guó qǐng guō wěi chū zhǔ yi guō wěi shuō rú guǒ nín
强国，请郭隗出主意。郭隗说：“如果您
xiān zhòng yòng wǒ zhè ge běn lǐng píng píng de rén tiān xià běn lǐng
先重用我这个本领平平的人，天下本领
gāo qiáng de rén jiù huì shòu dào gǔ lì kěn dìng huì bú gù lù tú
高强的人就会受到鼓励，肯定会不顾路途
yáo yuǎn qián lái tóu bèn yān zhāo wáng cǎi nà le guō wěi de jiàn
遥远，前来投奔。”燕昭王采纳了郭隗的建
yì bìng zūn tā wéi shī jǐ yǔ tā fēng hòu de dài yù guǒ rán yǒu
议，并尊他为师，给予他丰厚的待遇。果然，有
cái néng de rén wén xùn hòu dōu fēn fēn qián lái tóu bèn yān zhāo wáng
才能的人闻讯后都纷纷前来投奔。燕昭王
duì tā men wěi yǐ zhòng rèn bìng yǔ bǎi xìng qí xīn xié lì gān kǔ
对他们委以重任，并与百姓齐心协力、甘苦
yǔ gòng zhōng yú shǐ yān guó zǒu shàng guó fù mín qiáng de dào lù
与共，终于使燕国走上国富民强的道路。

害

xiǎo péng you zhī dào ma hài yǔ yán yí yàng suī
小朋友知道吗？“害”与“言”一样，虽
rán zì xíng zhōng yǒu yí gè kǒu dàn qí běn yì què yǔ shé
然字形中有一个“口”，但其本义却与“舌”
yǒu guān jīn wén zhōng hài zì shì yóu kǒu jiā shàng shé tou de
有关。金文中，“害”字是由口加上舌头的
xiàng xíng yǐ jí zài shé shàng zēng tiān yì héng huì yì ér chéng biǎo
象形，以及在舌上增添一横会意而成，表
shì shé tou bèi gē diào yě jiù shì shāng hài sǔn hài de yì si
示舌头被割掉，也就是伤害、损害的意思。
xiǎo zhuàn de zì xíng gǎi biàn le shé tou de lún kuò yě sàng shī le
小篆的字形改变了舌头的轮廓，也丧失了
xiàng xíng de yì wèi lì shū yuán cǐ xiě zuò hài zài zì xíng
象形的意味。隶书缘此写作“害”，在字形
zhōng yǐ zhǎo bú dào shé tou de bàn diǎn yǐng zi xiàn dài hàn yǔ zhōng
中已找不到舌头的半点影子。现代汉语中
de hài bù jǐn biǎo shì shāng hài sǔn hài yě biǎo shì móu shā
的“害”不仅表示伤害、损害，也表示谋杀、
móu hài rú bèi hài hái yòng lái zhǐ pà xiū rú hài xiū
谋害，如“被害”；还用来指怕羞，如“害羞、
hài sào zuò wéi míng cí hài kě yǐ zhǐ zāi hài huò hai
害臊”。作为名词，“害”可以指灾害、祸害；
hái kě yǐ zhǐ rén tǐ de zhòng yào bù wèi jí yào hài yě bèi
还可以指人体的重要部位，即“要害”；也被
yǐn shēn zhǐ yǒu hài de dōng xi rú hài chóng děng
引申指有害的东西，如“害虫”等。

hài zì de yǎn biàn
【“害”字的演变】

金文　　小篆　　隶书　　简体字

yīng yǔ yì diǎn tōng
【英语一点通】

“害”表示“伤害、损害”时，英文是 harm。比如 do people great harm 就是指“害人不浅”。其中 do 指“做”，people 指“人们”，great 指“大的”。当“害”表示“谋杀、谋害”时，英文是 murder，比如“He was murdered.”即“他被谋杀了”。

cí yǔ jù bǎo pén
【词语聚宝盆】

hài qún zhī mǎ yǔ chū zhuāng zǐ yì si shì wēi hài
“害群之马”语出《庄子》，意思是危害
mǎ qún de huài mǎ gāi chéng yǔ yòng zuò biǎn yì bǐ yù wēi hài
马群的坏马。该成语用作贬义，比喻危害
jí tǐ de rén lì rú nǐ rú guǒ yí yì gū xíng réng bù gǎi
集体的人。例如，你如果一意孤行，仍不改
shì dǔ lòu xí jiù huì chéng wéi hài qún zhī mǎ hài qún zhī
嗜赌陋习，就会成为害群之马。“害群之
mǎ de jìn yì cí yǒu chéng hú shè shǔ cán zhā yú niè fǎn
马”的近义词有“城狐社鼠、残渣余孽”，反
yì cí yǒu rén rén zhì shì qiān qiān jūn zǐ děng
义词有“仁人志士、谦谦君子”等。

嚣

小朋友，如果在学习的时候，周围有很多人在七嘴八舌地大声说话，你是不是会觉得他们特别吵闹？远古时代，我们的祖先也常会遇到这种情形，并因此造出了“嚣”字。金文的“嚣”由一个人头的象形和四个口的图形会意而成，表示众口喧闹、人声嘈杂，“嚣”的本义即喧哗。到小篆，“嚣”的字形变得工整美观。隶书缘此将字形进一步符号化，人头的象形演变为“頁”。汉字简化后，整个字便写成“嚣”。“嚣”一般指喧哗、吵闹，如“喧嚣”；也常用来比喻人的放肆、猖狂，如“嚣张”等。在公共场合喧嚣吵闹会影响他人、让人反感，所以小朋友要学会举止得体，多为别人着想，这样才会得到别人的尊重。

【“嚣”字的演变】

金文	小篆	隶书	简体字
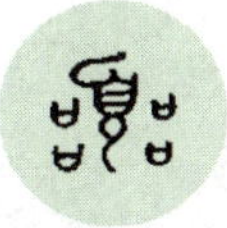		嚣	嚣

【英语一点通】

“嚣”表示“喧哗、吵闹”时，英文有两种说法：一是动词 clamour，比如 clamour for 就是指“呼吁”，clamour against 即指“大声疾呼反对”，而 clamour down 则是指“吵得使（演讲者等）说不下去”；二是名词 hubbub，指“吵闹声”。

【词语聚宝盆】

“甚嚣尘上”的意思是人声喧嚷、尘土飞扬。原形容军营中正忙于准备的状态；后形容消息普遍流传，众口宣扬、议论纷纷。现多用于贬义，指错误或反动言论非常嚣张。甚：很；嚣：喧闹。

“甚嚣尘上”的近义词有“满城风雨”等，反义词有“风平浪静”等。

欠

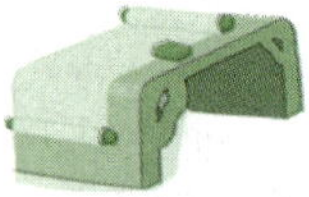

kǒu zuò wéi piān páng kě yǐ gòu chéng hěn duō zì yì yǔ
“口”作为偏旁，可以构成很多字义与
zuǐ ba yǒu guān de zì yě yǒu yì xiē zì yì si yǔ zuǐ ba yǒu
嘴巴有关的字。也有一些字，意思与嘴巴有
guān dàn qí zì xíng zhōng què méi yǒu chū xiàn kǒu de piān páng
关，但其字形中却没有出现“口”的偏旁，
qiàn jiù shì yí lì qiàn de běn yì zhǐ dǎ hā qian gǔ rén
“欠”就是一例。“欠”的本义指打哈欠，古人
zhǐ yòng yí gè jiǎn dān de tú xíng jiù biǎo dá chū lái zhè ge zì yì
只用一个简单的图形就表达出来这个字义。
jiǎ gǔ wén zhōng qiàn shì yí gè xiàng xíng zì miáo huà de jiù
甲骨文中，“欠”是一个象形字，描画的就
shì yí gè rén zhāng kǒu dǎ hā qian de yàng zi cóng jīn wén qǐ
是一个人张口打哈欠的样子。从金文起，
qiàn de zì xíng biàn de jiǎn yuē dàn réng néng kàn chū rén dǎ hā
“欠”的字形变得简约，但仍能看出人打哈
qian de hén jì dào xiǎo zhuàn biàn yǐ méi yǒu le xiàng xíng de yì
欠的痕迹。到小篆，便已没有了象形的意
wèi lì shū shí qiàn zì wán quán fú hào huà zì xíng yě dé
味。隶书时，“欠”字完全符号化，字形也得
dào zuì zhōng què dìng yóu dǎ hā qian de běn yì qiàn bèi yǐn
到最终确定。由打哈欠的本义，“欠”被引
shēn zhǐ shēn tǐ shāo wēi xiàng shàng yí dòng rú qiàn shēn děng hái
申指身体稍微向上移动，如“欠身”等；还
yǐn shēn wéi qiàn quē bú gòu rú qiàn zhàng qiàn jiā děng lìng
引申为欠缺、不够，如“欠账、欠佳”等。另
wài qiàn kě yǐ zuò piān páng gòu chéng rú yǐn gē chuī
外，“欠”可以作偏旁，构成如“饮、歌、吹”
děng yǔ zhāng kǒu yǒu guān de dòng zuò de zì
等与张口有关的动作的字。

qiàn zì de yǎn biàn

【“欠”字的演变】

甲骨文 金文 小篆 隶书 简体字

yīng yǔ yì diǎn tōng

【英语一点通】

“欠”的一个意思是“困倦时张口出气”，英文是 yawn，意思是“哈欠、打哈欠”。当“欠”表示“欠账”时，英文是 owe，如“You owe me $10.”意思是“你欠我 10 美元”。与 yawn 音、形相似的词有 dawn（黎明）。与 owe 音、形相似的词有 own（自己的）。小朋友可以用“He yawned at dawn.（他在黎明打了个哈欠）”来记 dawn 和 yawn。

xiǎo péng you cāi mí yǔ

【小朋友猜谜语】

shí tou yán shàng zhǐ néng kǎn， lā lái tǔ duī tián píng kǎn。
石头沿上只能砍，拉来土堆填平坎。

jiā huǒ chéng chuī zhāng kǒu chuī， ōu zhōu biān shàng zhuàn yì quān。
加火成炊张口吹，欧洲边上转一圈。

dǎ yí zì
（打一字）

mí dǐ qiàn
（谜底：欠）

吹

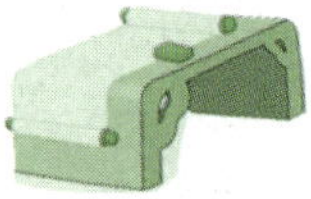

xiǎo péng you wán guo chuī pào pao ba nǐ yào hé lǒng zuǐ chún
小朋友玩过吹泡泡吧？你要合拢嘴唇
yòng lì hū qì cái néng jiāng pào pao chuī qǐ nǐ zhī dào ma nǐ
用力呼气才能将泡泡吹起。你知道吗？你
chuī pào pao de yàng zi jiù shì chuī de zuì chū zì xíng suǒ miáo huà
吹泡泡的样子就是“吹”的最初字形所描画
de tú xíng jiǎ gǔ wén jīn wén zhōng chuī yóu yí gè zhāng kāi
的图形。甲骨文、金文中，“吹”由一个张开
zuǐ ba de rén hé yì tuán kōng qì huò shì yí gè qì wù zǔ
嘴巴的人和一团空气（或是一个器物）组
chéng liǎng xíng huì yì biǎo shì yòng lì xiàng wài chuī qì dào xiǎo
成，两形会意，表示用力向外吹气。到小
zhuàn chuī de zì xíng kāi shǐ fú hào huà lì shū shí biǎo shì
篆，“吹”的字形开始符号化。隶书时，表示
kōng qì huò zhě qì wù de tú xíng biàn wéi kǒu ér yīn zhāng zuǐ
空气或者器物的图形变为“口”，而因张嘴
chuī qì yǔ dǎ hā qian de tú xíng yí zhì yú shì yòng lì xiàng wài
吹气与打哈欠的图形一致，于是用力向外
chuī qì de jiǎ gǔ wén zì xíng zuì zhōng yǎn biàn wéi zuǒ wéi kǒu yòu
吹气的甲骨文字形最终演变为左为口、右
wéi qiàn de chuī cóng zhè ge yǎn biàn guò chéng kàn chuī qí
为欠的“吹”。从这个演变过程看，“吹”其
shí shì zài qiàn zì de jī chǔ shàng yǎn shēng ér lái yǔ kǒu
实是在“欠”字的基础上衍生而来，与“口”
de hán yì bìng méi yǒu duō dà guān xì xiàn zài wǒ men tōng cháng
的含义并没有多大关系。现在，我们通常
shuō chuī qì chuī hào chuī huǒ děng yòng de dà dōu shì chuī de
说“吹气、吹号、吹火”等用的大都是“吹”的
běn yì ér chuī xū gào chuī děng zé shì qí yǐn shēn hán yì
本义，而“吹嘘、告吹”等则是其引申含义。

chuī zì de yǎn biàn
【“吹”字的演变】

甲骨文　金文　小篆　隶书　简体字

yīng yǔ yì diǎn tōng
【英语一点通】

“吹”的英文是 blow，比如“吹火”的英文就是 blow a fire（火）。与 blow 音、形相似的单词有 flow（流动）、glow（光亮）、slow（慢的）等。小朋友可以用“I blew slowly, and the glow began to flow.（我慢慢地吹了一口气，光竟然流动起来）”来联想记忆 slow、blow、glow 及 flow。

xiǎo péng you xué ér gē
【小朋友学儿歌】

fēng ér chuī fēng ér yáo
风儿吹 风儿摇

fēng ér chuī fēng ér yáo chuī chuī yáo yáo hǎo rè nao
风儿吹，风儿摇，吹吹摇摇好热闹。

chuī de yún ér duǒ duǒ kāi yáo de cǎo ér xiào wān yāo
吹得云儿朵朵开，摇得草儿笑弯腰。

chuī de táo lǐ mǎn tóu huā yáo de yáng liǔ chōu zhī tiáo
吹得桃李满头花，摇得杨柳抽枝条。

chuī de hé miàn qǐ bō làng yáo de chuán zài shuǐ zhōng piāo
吹得河面起波浪，摇得船在水中漂。

涎

“涎”是一个很奇怪的字，它本来是从“欠”字衍生而来的，但在字体演变中却丢失了“欠”的字形，成了一个形从“水”、声从“延”的形声字。甲骨文的“涎”，右边是一个人张大嘴巴，也就是“欠”的字形；左边是表示口水的点；两形会意，指从大张的嘴巴里流出来的唾沫。到小篆，字形调整为左为“水”、右为“欠”，并有了符号化的趋势。到隶书，“欠”的字形为“延”所替代，于是重新造出一个形声字“涎”。“涎”的本义为口水、唾液，后也用作动词，指流口水；又引申为贪羡、贪图之义，如“涎利”即贪图利益；有时也指厚着脸皮、嬉皮笑脸，如“涎皮赖脸”就是形容厚着脸皮缠磨人，使人讨厌的样子。

xián zì de yǎn biàn
【“涎”字的演变】

甲骨文　金文　小篆　隶书　简体字

yīng yǔ yì diǎn tōng
【英语一点通】

“涎”的英文是saliva，指“口水”。比如，“流涎”即run saliva。与run（流）音、形相似的单词有bun（小圆面包）、fun（有趣的）、gun（枪）、sun（太阳）等。

cí yǔ jù bǎo pén
【词语聚宝盆】

chuí xián yù dī yì si shì chán de lián kǒu shuǐ dōu yào dī xià lái le xíng róng shí fēn tān chán xiǎng chī de yàng zi yě xíng róng fēi cháng yǎn hóng xián kǒu shuǐ chuí xián yù dī de jìn yì cí yǒu chán xián yù dī chuí xián sān chǐ fǎn yì cí yǒu dàn bó guǎ wèi děng

“垂涎欲滴”意思是馋得连口水都要滴下来了，形容十分贪馋想吃的样子，也形容非常眼红。涎：口水。“垂涎欲滴”的近义词有“馋涎欲滴、垂涎三尺”，反义词有“淡泊寡味”等。

曰

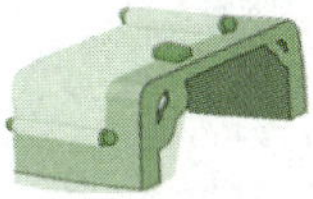

qǐng xiǎo péng you zǐ xì guān chá wǒ men xiàn zài yào dú de
请小朋友仔细观察，我们现在要读的
zì shì yuē yì si shì shuō ér bú shì biǎo shì tài yáng de
字是“曰”，意思是“说”，而不是表示太阳的
rì zì tā men kàn qǐ lái xiāng sì dàn yì yì xiāng chà què
“日”字。它们看起来相似，但意义相差却
hěn dà jiǎ gǔ wén de yuē xià bàn bù fen shì yí gè kǒu de
很大。甲骨文的“曰”，下半部分是一个口的
xiàng xíng shàng bàn bù fen shì yì duǎn héng zǔ chéng le yí gè zhǐ
象形，上半部分是一短横，组成了一个指
shì zì biǎo shì huà yǔ yóu zuǐ lǐ shuō chū yuē de běn lái hán
事字，表示话语由嘴里说出。“曰”的本来含
yì jiù shì shuō shuō dào jīn wén xiǎo zhuàn de zì xíng yuán yú
义就是“说、说道”。金文、小篆的字形源于
jiǎ gǔ wén biàn huà bú dà lì shū shí wèi le shū xiě biàn lì
甲骨文，变化不大。隶书时，为了书写便利，
zì xíng guī zhěng wéi shàng bàn bù fen bèi fēng qǐ lái de yuē
字形规整为上半部分被封起来的“曰”。
yuē suī rán biǎo shì shuō dàn zài xiàn dài hàn yǔ jí kǒu yǔ
“曰”虽然表示“说”，但在现代汉语及口语
zhōng hěn shǎo bèi shǐ yòng tā zhǐ shì zài gǔ wén zhōng cái hěn cháng
中很少被使用，它只是在古文中才很常
jiàn rú lún yǔ zhōng tōng piān dōu yǒu zǐ yuē de cí jù
见。如《论语》中通篇都有“子曰”的词句。
lìng wài yuē yě yǐn shēn wéi jiào zuò rú wǔ xíng yī yuē
另外，“曰”也引申为“叫作”，如“五行：一曰
shuǐ èr yuē huǒ sān yuē mù sì yuē jīn wǔ yuē tǔ děng
水、二曰火、三曰木、四曰金、五曰土”等。

yuē zì de yǎn biàn
【“曰”字的演变】

甲骨文　金文　小篆　隶书　简体字

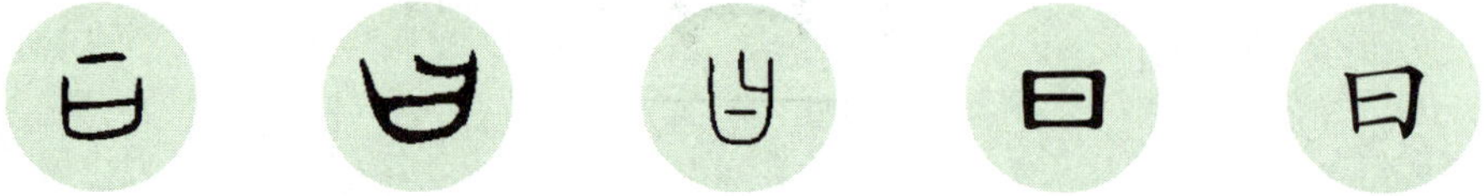

yīng yǔ yì diǎn tōng
【英语一点通】

“曰”的英文是 say，意思是“说”。比如，《论语》中经常出现的“子曰”就是 Confucius said。其中 Confucius 的意思是“孔子”，said 是 say 的过去式。当“曰”表示“叫作”时，英文是 call，如“Call a baby after its father.”意即“用父亲的名字给婴儿取名字”。

xiǎo péng you cāi mí yǔ
【小朋友猜谜语】

táo qì chōu diào tián zhōng gān，xié chā tóu shàng yán sè biàn。
淘气抽掉田中杆，斜插头上颜色变。

yào wèn wǒ shì nǎ yí gè，lì dà tài yáng bèi yā biǎn。
要问我是哪一个，力大太阳被压扁。

dǎ yí zì
（打一字）

mí dǐ yuē
（**谜底：曰**）

唐

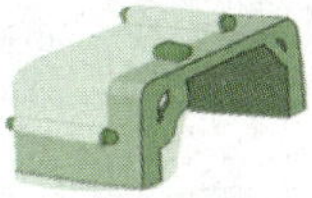

xiǎo péng you zhī dào táng cháo shì wǒ guó lì shǐ shàng de
小朋友知道，唐朝是我国历史上的
yí gè dǐng shèng cháo dài shì fù qiáng huī huáng de dài míng
一个鼎盛朝代，是“富强、辉煌”的代名
cí dàn shì nǐ kěn dìng xiǎng bú dào táng zì de zuì chū hán
词，但是你肯定想不到，“唐”字的最初含
yì què shì zhǐ chuī niú shuō dà huà jiǎ gǔ wén zhōng táng
义却是指吹牛、说大话。甲骨文中，“唐”
zì fēn shàng xià liǎng bù fen shàng miàn shì yí gè shàng gǔ shí dài
字分上下两部分：上面是一个上古时代
bò ji de xiàng xíng tú xíng zhōng de yā biǎo shì shān dòng bò
簸箕的象形，图形中的“丫”表示扇动簸
ji xià miàn shì yí gè kǒu de tú xíng liǎng xíng huì yì zhǐ
箕；下面是一个口的图形。两形会意，指
rén shuō huà xiàng bò ji bǒ kāng yí yàng kǒu chū kuáng yán màn wú
人说话像簸箕簸糠一样口出狂言、漫无
biān jì jí chuī niú shuō dà huà dào jīn wén bò ji zhī xíng
边际，即吹牛、说大话。到金文，簸箕之形
shāo yǒu biàn huà xiǎo zhuàn yuán cǐ ér lái dàn jiāng bò ji zhī xíng
稍有变化。小篆缘此而来，但将簸箕之形
de yí bù fen biàn wéi liǎng zhī shǒu lì shū shí zuǒ biān de shǒu
的一部分变为两只手。隶书时，左边的手
xíng jiǎn shěng wéi yì piě zhěng gè zì xíng guī zhěng wéi táng
形简省为一撇，整个字形规整为“**唐**”，
bìng bèi yì zhí yán yòng táng yǒu kuā dà xū kuā zhī yì
并被一直沿用。“唐”有夸大、虚夸之义，
rú huāng táng děng
如“荒唐”等。

táng zì de yǎn biàn

【“唐”字的演变】

甲骨文　　金文　　小篆　　隶书　　简体字

yīng yǔ yì diǎn tōng

【英语一点通】

“唐”表示“夸大、虚夸”时，英文是 boast，比如“He is just boasting.”即指“他只是在吹嘘罢了”。但是当“唐”表示“荒唐”之义时，英文是 absurd，比如“预言明天太阳将不会升起是荒唐可笑的”，翻译成英文就是“It is ridiculously absurd to predict that the sun would not rise tomorrow.”。

kě ài de zǔ guó

【可爱的祖国】

táng cháo shì shì jiè gōng rèn de zhōng guó lì shǐ shàng zuì qiáng
唐朝是世界公认的中国历史上最强
shèng de cháo dài zhī yī nián yóu lǐ yuān jiàn lì dìng dū
盛的朝代之一，618年，由李渊建立，定都
cháng ān nián nǚ huáng wǔ zé tiān gǎi guó hào táng wéi
长安。690年，女皇武则天改国号“唐”为
zhōu qiān dū luò yáng shǐ chēng wǔ zhōu nián táng
“周”，迁都洛阳，史称武周。705年，唐
zhōng zōng lǐ xiǎn huī fù dà táng guó hào huán dū cháng ān
中宗李显恢复大唐国号，还都长安。755
nián ān shǐ zhī luàn hòu táng cháo rì jiàn shuāi luò zhì nián
年，安史之乱后唐朝日渐衰落，至907年
liáng wáng zhū wēn cuàn wèi miè táng táng cháo zài wén huà zhèng
梁王朱温篡位灭唐。唐朝在文化、政
zhì jīng jì wài jiāo děng fāng miàn dōu yǒu huī huáng de chéng jiù
治、经济、外交等方面都有辉煌的成就。

友

wǒ men měi gè rén dōu xū yào yǒu péng you hǎo de péng you
我们每个人都需要有朋友，好的朋友
shì rén shēng de xiàng dǎo zài kùn nan zhī jì hái huì xiàng wǒ men shēn
是人生的向导，在困难之际还会向我们伸
chū yuán zhù zhī shǒu gǔ rén zài chuàng zào péng you de yǒu zì
出援助之手。古人在创造朋友的“友”字
shí jiù zài zì xíng zhōng jiā rù le chū shǒu xiāng zhù cái shì péng you
时，就在字形中加入了出手相助才是朋友
de sī xiǎng jiǎ gǔ wén zhōng yǒu zì de tú xíng shì cháo tóng
的思想。甲骨文中，“友”字的图形是朝同
yì fāng xiàng bìng liè de liǎng zhī shǒu jí yǒu de běn yì zhǐ yǐ
一方向并列的两只手，即“友”的本义指以
shǒu xiāng zhù de péng you jīn wén xiǎo zhuàn chéng xí jiǎ gǔ wén
手相助的朋友。金文、小篆承袭甲骨文，
zì xíng biàn huà bú dà dào lì shū zì xíng biàn de jǐn còu bìng
字形变化不大。到隶书，字形变得紧凑，并
zuì zhōng fú hào huà wéi yǒu zhī hòu wèi zài fā shēng biàn huà
最终符号化为“友”，之后未再发生变化。
yǒu zài běn yì de jī chǔ shàng hái yǐn shēn zhǐ yǔ tā rén guān
“友”在本义的基础上，还引申指与他人关
xì qīn jìn hé mù rú yǒu lín yǒu bāng děng hái yòng lái zhǐ
系亲近、和睦，如“友邻、友邦”等；还用来指
yì tóng wán shuǎ de tóng bàn huò zài tóng yì suǒ xué xiào bān jí děng
一同玩耍的同伴或在同一所学校、班级等
tuán tǐ de chéng yuán rú qí yǒu xiào yǒu děng hái yòng zuò dòng
团体的成员，如“棋友、校友”等；还用作动
cí rú yǒu rén yǒu zhí jí zhǐ yǔ rén ài zhèng zhí de rén
词，如“友仁、友直”即指与仁爱、正直的人
jiāo péng you děng
交朋友等。

yǒu zì de yǎn biàn
【“友”字的演变】

甲骨文	金文	小篆	隶书	简体字

yīng yǔ yì diǎn tōng
【英语一点通】

“友”的英文是 friend，指“朋友、友人”。比如，“良师益友”就是 good teacher and helpful friend。英文中，friend 是名词，在它的后面加-ly 就构成形容词，即 friendly，表示“友好的”；friend 后面加上-less 也可以构成形容词，但表示的是相反的字义，即 friendless，意即“没有朋友的、不合群的、孤单的”。

kě ài de zǔ guó
【可爱的祖国】

sì yǒu zài zhōng guó chuán tǒng wén huà zhōng yǒu zhe bù tóng
“四友”在中国传统文化中有着不同
de wén huà nèi hán yì zhǒng shì zhǐ zhōu wén wáng de sì wèi qīn
的文化内涵：一种是指周文王的四位亲
xìn dà chén jí nán gōng kuò sǎn yí shēng hóng yāo hé tài diān
信大臣即南宫括、散宜生、闳夭和太颠；
lìng yì zhǒng shì zhǐ kǒng zǐ de sì míng xué shēng jí yán yuān zǐ
另一种是指孔子的四名学生即颜渊、子
gòng zǐ zhāng hé zǐ lù sì yǒu hái bèi yòng lái chēng sì
贡、子张和子路。“四友”还被用来称四
wèi xiāng zhī de péng you rú chū táng shí qī de cuī róng lǐ
位相知的朋友，如初唐时期的崔融、李
qiáo sū wèi dào hé dù shěn yán jiù bèi chēng wéi wén zhāng sì
峤、苏味道和杜审言就被称为“文章四
yǒu sì yǒu yě jiè zhǐ wén fáng sì bǎo jí bǐ mò
友”。“四友”也借指文房四宝，即笔、墨、
zhǐ yàn
纸、砚。

共

“共”的最初字形与“友”一样，也是由两只手会意而成，不同之处在于两只手摆放的方向。“共”的甲骨文是两只手捧着一个方形的物品，表示双手参与、一起来做，有“共同”的意思。到金文，字形中增加了一个表示物品的口形符号，会意为将自己的东西双手捧出送给他人，即供给、供奉之义。到小篆，字形中的口形符号发生变化，隶书缘此将字形规整并固定为“共”。

“共”的本义有两个：一是供奉，二是共同。供奉之义后来由另造的“供”字来承担；而共同之义却沿用至今，如“共享、共事”等。另外，“共”字还引申为总共、总计等义，如“共计、一共”等。

【“共”字的演变】

甲骨文　金文　小篆　隶书　简体字

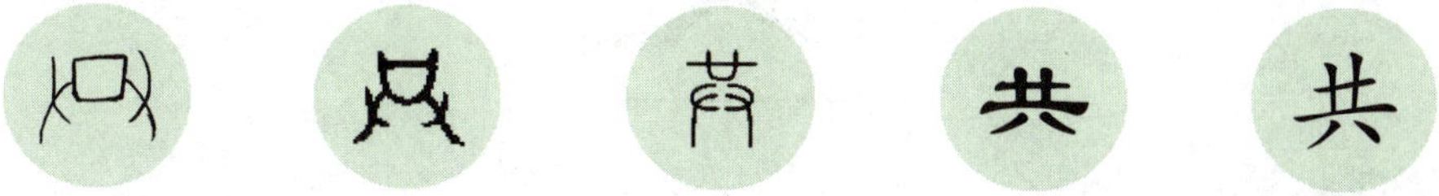

【英语一点通】

“共”的英文是 share，表示“共同具有或承受”之义。比如，“同甘共苦”的英文即 share joys and sorrows，其中 joy 和 sorrow 互为反义词，joy 的意思是“高兴”，而 sorrow 则指“悲伤”。

【词语聚宝盆】

“同甘共苦”意思是共同享受幸福，共同承担苦难，比喻同欢乐、共患难。甘：甜；苦：苦难。例如，抗日战争中，各族人民团结一致、同甘共苦，终于打败了日本侵略者，取得了最后的胜利。“同甘共苦”的近义词有“有福同享、有难同当”，反义词有“同床异梦”等。

又

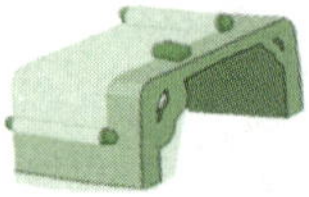

shǒu shì rén men jìn xíng láo zuò de zhòng yào shēn tǐ qì
手是人们进行劳作的重要身体器
guān gǔ rén zài zào zì shí cóng zì shēn qǔ xiàng bù jǐn yī jù
官，古人在造字时从自身取象，不仅依据
shuāng shǒu zào chū le biǎo dá zhěng tǐ gài niàn de shǒu zì hái
双手造出了表达整体概念的“手”字，还
fēn bié zào chū biǎo dá zuǒ shǒu yòu shǒu jù tǐ gài niàn de zì
分别造出表达左手、右手具体概念的字。
yòu de běn yì jí yòu shǒu jiǎ gǔ wén de yòu shì yì zhī
“又”的本义即右手。甲骨文的“又”是一只
yòu shǒu de jiǎn huà tú xíng qí biǎo dá de yòu shǒu de gài niàn fēi
右手的简化图形，其表达的右手的概念非
cháng zhí guān jīn wén xiǎo zhuàn de zì xíng yǔ jiǎ gǔ wén chā
常直观。金文、小篆的字形与甲骨文差
bié bú dà lì shū xiě zuò yòu zì xíng yǐ wán quán fú hào
别不大。隶书写作“又”，字形已完全符号
huà zài zì tǐ yǎn biàn zhōng yòu zhǐ dài yòu shǒu de běn yì
化。在字体演变中，“又”指代右手的本义
zhú jiàn xiāo wáng ér qí cí xìng yě yóu míng cí yǎn biàn wéi fù
逐渐消亡，而其词性也由名词演变为副
cí rú zài yòu jīng yòu xǐ yòu kū yòu xiào děng cí zhōng biǎo
词，如在“又惊又喜、又哭又笑”等词中表
shì jǐ zhǒng qíng kuàng huò xìng zhì tóng shí cún zài zài yí yòu èr
示几种情况或性质同时存在；在“一又二
fēn zhī yī zhōng biǎo shì zhěng shù zhī wài zài jiā líng shù zài
分之一”中表示整数之外再加零数；在
dú le yòu dú zhōng biǎo shì chóng fù huò jì xù
“读了又读”中表示重复或继续。

yòu zì de yǎn biàn

【“又”字的演变】

甲骨文	金文	小篆	隶书	简体字

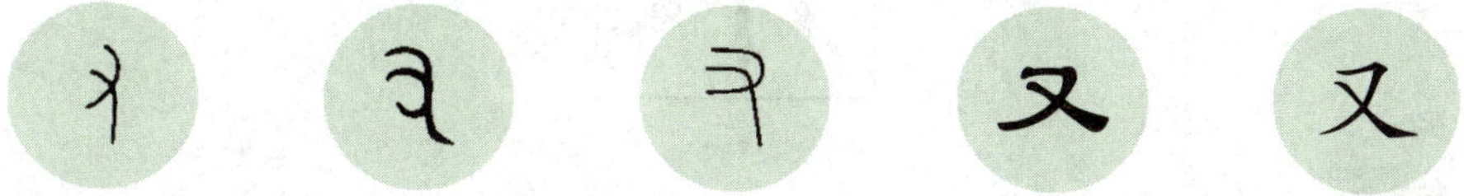

yīng yǔ yì diǎn tōng

【英语一点通】

“又”的英文是 again，是一个副词，表示“再、又、再一次”。如果两个 again 连用，即 again and again，意思则为“再三地、反复地”。比如，“读了又读”的英文就是 read again and again。但是，单词 after（在……以后）有时也可以表示“又”的意思，如 year after year 即指“一年又一年”。

xiǎo péng you bèi shī cí

【小朋友背诗词】

bó chuán guā zhōu

泊船瓜洲

sòng wáng ān shí

〔宋〕王安石

jīng kǒu guā zhōu yì shuǐ jiān　zhōng shān zhǐ gé shù chóng shān

京口瓜洲一水间，钟山只隔数重山。

chūn fēng yòu lǜ jiāng nán àn　míng yuè hé shí zhào wǒ huán

春风又绿江南岸，明月何时照我还？

（**注释**　泊：停船靠岸。瓜洲：今扬州市南面。京口：今江苏镇江市。钟山：今南京紫金山。数重：几层。绿：吹绿了。还：这里指回到紫金山下的家里。）

爪

“爪”也是一个借助手形来表意的象形字。甲骨文的“爪”描画的是一只手心向下伸出的手的图形，表示用手抓取之义。到金文，手形的指端多出了弯曲之形，强调抓取东西时手指的合拢。小篆摒弃金文而远承甲骨文，字形变得工整而美观。隶书缘此写作“爪”。在演变中，“爪”表示用手抓取的本义逐渐被另造的“抓”字所替代，“爪”的常用义则变为名词，用来指动物的趾甲或鸟兽的脚，如“鹰爪、猫爪”等。另外，“爪”也可以比喻像爪的东西，如“这个锅有三个爪”。而当“爪”组成词语“爪牙”时，一方面指动物的尖爪和利牙，另一方面则比喻坏人的党羽和帮凶，也就是口语中所说的“狗腿子”。

zhǎo zì de yǎn biàn
【“爪”字的演变】

甲骨文 金文 小篆 隶书 简体字

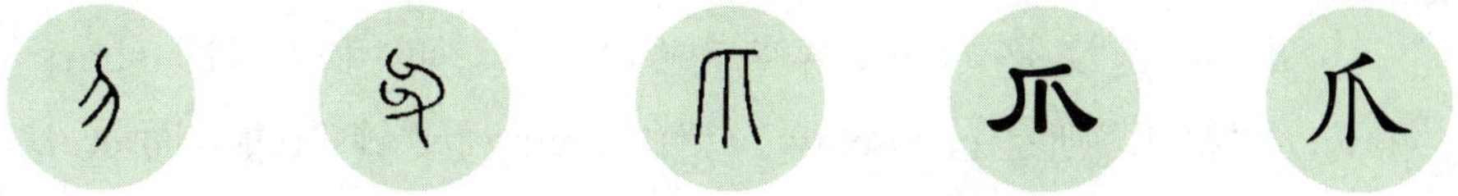

yīng yǔ yì diǎn tōng
【英语一点通】

“爪”的英文是 claw，指鸟兽的爪子。如“利爪”即 sharp claw，而“蟹爪”则是 crab claw。其中 sharp 指“锋利的”，而 crab 指“螃蟹”。另外，paw 也可以表示“爪、爪子”，如 a cat's paw 即指“猫爪子”，同时这句俗语也指“被人利用的人”。

xiǎo péng you xué ér gē
【小朋友学儿歌】

páng xiè gē
螃蟹歌

yì zhī páng xiè jiǎo bā gè, liǎng tóu jiān jiān hǎo dà gè.
一只螃蟹脚八个，两头尖尖好大个。

liǎng bǎ qián zi shǒu lǐ ná, jiā zhe shuí dōu shuǎi bù tuō.
两把钳子手里拿，夹着谁都甩不脱。

bú huì zhí zǒu héng zhe pá, shēn shàng bēi zhe dà yìng ké.
不会直走横着爬，身上背着大硬壳。

yǎn yì jǐ ya jiān yì suō, pá ya pá ya guò shā hé.
眼一挤呀肩一缩，爬呀爬呀过沙河。

足

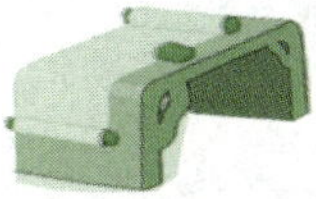

小朋友应该注意到了，现代汉语中的很多词在古汉语里都有不同的甚至差别很大的含义。比如，有关“脚”的词：在秦汉以前，“足”和“趾”用来指脚，而“脚”则表示小腿；自魏晋以后，“足”“趾”和“脚”都可以用来指脚，但在书面语中，脚却多用“足”来表示。甲骨文中，“足”是一个人脚的象形，小腿、脚掌、脚趾齐全。到金文，小腿由一个圈代替，下面的“止”形符号则表示脚，而两个图形合起来仍指整只脚。小篆依金文而来。隶书一脉相承，并固定字形为“**足**”。“足”字除本义外，还引申为“充足、值得”等义，如“富足、微不足道”等；它还可以作偏旁，构成与脚及脚部动作有关的字，如“跟、踩、跌、跤”等。

zú zì de yǎn biàn
【“足”字的演变】

甲骨文	金文	小篆	隶书	简体字

yīng yǔ yì diǎn tōng
【英语一点通】

“足”表示“脚”时，英文是 foot，如“赤足”即 barefoot，其中 bare 意为“赤裸的、光秃的”。当“足”表示“充足、足够”的意思时，英文是 enough，如 ten dollars is enough 即“10 美元就足够了”。

cí yǔ jù bǎo pén
【词语聚宝盆】

zú zhì duō móu yì si shì fù yǒu zhì huì shàn yú móu
“足智多谋”意思是富有智慧、善于谋
huà xíng róng rén shàn yú liào shì hé yòng jì zú chōng shí
划，形容人善于料事和用计。足：充实、
zú gòu zhì cōng míng zhì huì móu jì móu lì rú zhū
足够；智：聪明、智慧；谋：计谋。例如，诸
gě liàng shì sān guó shí qī yí wèi zú zhì duō móu de jūn shī
葛亮是三国时期一位足智多谋的军师。
zú zhì duō móu de jìn yì cí yǒu zhì móu guò rén dà zhì ruò
“足智多谋”的近义词有“智谋过人、大智若
yú děng fǎn yì cí yǒu yú mèi wú zhī yú bù kě
愚”等，反义词有“愚昧无知、愚不可
jí děng
及”等。

止

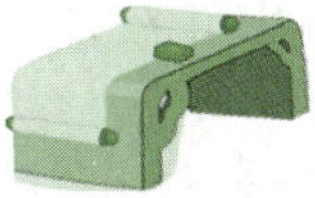

前面已经提到，“趾”在古汉语中是“脚”的意思。但是，“趾”的最初字形是“止”。也就是说，我们现在常用的表示站住、停留、禁止等含义的“止”，其本义指“脚”。甲骨文中，“止”就是一个上面像脚指头、下面像脚面和脚掌的人脚的象形。金文、小篆承袭甲骨文，字形渐趋符号化，隶书缘此写作“止”，并沿用至今。在字体演变中，“止”引申出了更多字义。为了清楚地区别其本义，古人又另造一个“趾”字来指“脚”，而“止”便专用于其各种引申义。但是，“止”在某些情况下仍保留着其本义“脚”的痕迹。比如，凡是字形中有“止”的字，其字义大都与脚及脚部动作有关，像“歧、涉、步、足”等。

zhǐ zì de yǎn biàn
【“止”字的演变】

甲骨文 金文 小篆 隶书 简体字

yīng yǔ yì diǎn tōng
【英语一点通】

“止”的英文是 stop，意思是“停止、中止”。比如，妈妈在你吃零食时会说：“Stop eating, please.”意思就是“请别再吃了”。另外，如果小朋友想表示“雨停了”，就可以说 the rain stopped。有时，“止”也能表示“仅仅、只”等意思，英文即 just，比如“不止一次”的英文就是 not just once。

cí yǔ jù bǎo pén
【词语聚宝盆】

gāo shān yǎng zhǐ jǐng háng xíng zhǐ chū zì shī jīng xiǎo
“高山仰止，景行行止”出自《诗经·小
yǎ yì si shì tái tóu yào yǎng wàng gāo shān zǒu lù yào zǒu
雅》。意思是抬头要仰望高山，走路要走
dà lù gāo shān bǐ yù gāo shàng de pǐn dé jǐng háng dà
大路。高山：比喻高尚的品德；景行：大
lù bǐ yù xíng wéi zhèng dà guāng míng gāi chéng yǔ yǐ gāo shān
路，比喻行为正大光明。该成语以高山
hé dà lù bǐ yù rén de dào dé zhī měi jí yǒu dé zhī rén rú gāo
和大路比喻人的道德之美，即有德之人如高
shān kuò lù yí yàng shòu rén yǎng mù cháng yòng lái bǐ yù zhí
山、阔路一样受人仰慕，常用来比喻值
dé xiào fǎ de chóng gāo dé xíng yě kě jiǎn chēng wéi gāo shān
得效法的崇高德行。也可简称为“高山
jǐng xíng
景行”。

步

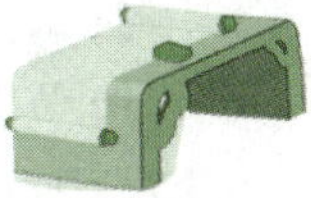

lǎo shī cháng cháng huì biǎo yáng xiǎo péng you xué xí jìn bù
老师常常会表扬小朋友:“学习进步
hěn kuài zài zhè jù huà lǐ jìn bù de yì si shì xiàng qián
很快。”在这句话里,“进步”的意思是向前
fā zhǎn bǐ yǐ qián gèng hǎo ér zhè ge yì si yě shì yóu bù
发展、比以前更好,而这个意思也是由“步”
zì yǐn shēn chū lái de bǐ yù yì bù xiàn zài cháng zhǐ jiǎo
字引申出来的比喻义。“步”现在常指脚
bù bù fá dàn qí běn yì què shì dòng cí zhǐ xíng zǒu zǒu lù
步、步伐,但其本义却是动词,指行走、走路,
tè zhǐ màn màn de zǒu jiǎ gǔ wén zhōng bù zì miáo huà de
特指慢慢地走。甲骨文中,“步”字描画的
shì liǎng zhī jiǎo yì qián yí hòu jiāo tì zǒu lù de yàng zi jí biǎo
是两只脚一前一后交替走路的样子,即表
shì xíng zǒu jīn wén bù zì gèng jiā xíng xiàng zhí jiē jiù shì
示行走。金文“步”字更加形象,直接就是
liǎng zhī jiǎo de tú xíng dào xiǎo zhuàn jiǎo de tú xíng yóu liǎng gè
两只脚的图形。到小篆,脚的图形由两个
biǎo shì jiǎo de fú hào zhǐ dài tì zì xíng kāi shǐ zǒu xiàng fú
表示脚的符号“止”代替,字形开始走向符
hào huà lì shū yuán cǐ xiě zuò bù bìng jiāng zì xíng gù dìng xià
号化,隶书缘此写作“步”,并将字形固定下
lái zài gǔ dài yí bù zhǐ liǎng jiǎo gè kuà yí cì jí yì zhī jiǎo
来。在古代,一步指两脚各跨一次,即一只脚
kuà yí cì zhǐ néng suàn bàn bù gǔ rén chēng bàn bù wéi kuǐ dàn
跨一次只能算半步,古人称半步为“跬”。但
shì zài xiàn dài hàn yǔ zhōng yí bù què shì zhǐ xíng zǒu shí liǎng jiǎo
是,在现代汉语中,一步却是指行走时两脚
zhī jiān de jù lí yě jiù shì gǔ rén suǒ shuō de bàn bù
之间的距离,也就是古人所说的半步。

bù zì de yǎn biàn
【“步”字的演变】

甲骨文 金文 小篆 隶书 简体字

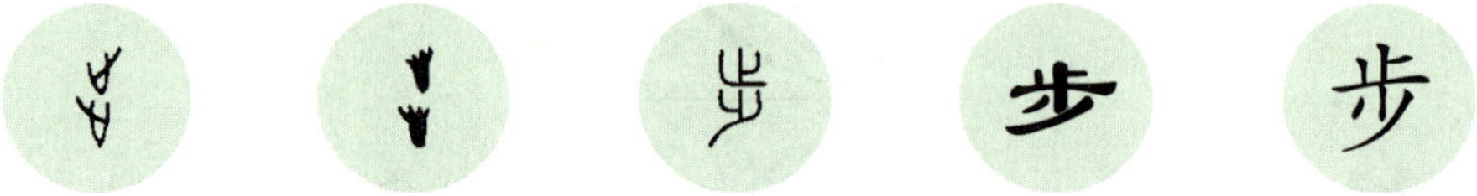

yīng yǔ yì diǎn tōng

【英语一点通】

“步”的英文是 pace，意思是“一步、步幅”。例如，“快步走”的英文就是 walk at a quick pace，其中 walk 指“步行”，quick 的意思是“快的”。“步”还可以用 step 来表示，指“脚步”。比如“The post office is only a few steps away.”的意思是“邮局离这儿只有几步路”。

cí yǔ jù bǎo pén

【词语聚宝盆】

bù jī kuǐ bù wú yǐ zhì qiān lǐ chū zì xún zǐ
“不积跬步，无以至千里。”出自《荀子·

quàn xué zhè jù huà de yì si shì méi yǒu bàn bù yí bù de jī
劝学》，这句话的意思是没有半步一步的积

lěi jiù wú fǎ dào dá qiān lǐ yuǎn de dì fang zhè jù huà qiáng
累，就无法到达千里远的地方。这句话强

diào le jī lěi de zhòng yào xìng gào su wǒ men zuò shì yào jiǎo
调了积累的重要性，告诉我们做事要脚

tà shí dì yì diǎn yì dī jī lěi cái néng shí xiàn zì jǐ de
踏实地，一点一滴积累，才能实现自己的

mù biāo
目标。

之

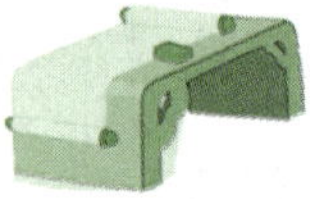

现代汉语中，“之”一般用作虚词，指“……的”，如“缓兵之计、赤子之心”等；也可以代替人或物，指“他、它”等，如“置之度外、等闲视之”等；还可以用作形容词，表示具有字母“S”形状的，即“之”字形，如“之字路”等；另外也可以虚用而无所指，如“久而久之”等。但“之”字在其创造之初却是动词，并且和“脚”相关。甲骨文的“之”，是将一只脚放在表示出发点的横线上的图形，会意为从这里出发，即“之”的本义是到某处去。古汉语中多用“之”来表示“到、往、到……去”等含义。金文和小篆承袭甲骨文，但字形渐失象形意味。隶书则完全符号化，将字形规整为“之”，并一直沿用下来。

zhī zì de yǎn biàn

【“之”字的演变】

甲骨文	金文	小篆	隶书	简体字

yīng yǔ yì diǎn tōng

【英语一点通】

“之”表示“到、往、到……去”等含义时，可以用 go 表示，如 don’t know where he went 即表示“不知所之”，其中 went 是 go 的过去式。

cí yǔ jù bǎo pén

【词语聚宝盆】

zhī hū zhě yě shì gǔ dài hàn yǔ zhōng cháng yòng de sì gè wén yán xū cí cháng yòng lái xíng róng bàn wén bù bái de huà huò wén zhāng, xiàn duō yòng zuò biǎn yì, fěng cì rén shuō huà xǐ huan yǎo wén jiáo zì, bù jiǎng shí jì. lì rú, tā duì rén shuō huà zǒng shì mǎn kǒu zhī hū zhě yě, ràng rén bàn dǒng bù dǒng de.

“之乎者也”是古代汉语中常用的四个文言虚词。常用来形容半文不白的话或文章，现多用作贬义，讽刺人说话喜欢咬文嚼字，不讲实际。例如，他对人说话总是满口之乎者也，让人半懂不懂的。

zhī hū zhě yě de jìn yì cí yǒu yān zāi hū yě、yǎo wén jiáo zì děng

“之乎者也”的近义词有“焉哉乎也、咬文嚼字”等。

父

fù qīn de ài wěi dà ér wú sī tóng shí yòu shēn chén ér
父亲的爱伟大而无私，同时又深沉而
kuān guǎng zài gǔ dài dà duō shù fù qīn dōu xiāng xìn zǐ nǚ zhǐ
宽广。在古代，大多数父亲都相信子女只
yǒu yán jiā guǎn jiào cái huì chéng cái suǒ yǐ fù qīn gěi zǐ nǚ de
有严加管教才会成材，所以父亲给子女的
yìn xiàng duō shì yán lì de gǔ rén suǒ zào de fù zì qí zuì
印象多是严厉的。古人所造的“父”字，其最
chū zì xíng jiù biǎo xiàn le fù qīn de yán lì xíng xiàng jiǎ gǔ wén
初字形就表现了父亲的严厉形象。甲骨文
de fù shì yí gè yòu shǒu chí bàng de tú xíng zhǐ shì shǒu lǐ
的“父”是一个右手持棒的图形，指事手里
jǔ zhe gùn bàng jiāo zǐ nǚ shǒu guī ju de rén shì jiā zhǎng jí fù
举着棍棒教子女守规矩的人是家长，即父
qīn yě jiù shì shuō fù de běn yì jí fù qīn jīn wén
亲。也就是说，“父”的本义即父亲。金文、
xiǎo zhuàn de zì xíng biàn huà bú dà lì shū wèi le zì xíng gōng
小篆的字形变化不大。隶书为了字形工
zhěng yún chèn xiě zuò fù yǐ wán quán shī qù yuán yǒu de zhǐ
整匀称，写作“父”，已完全失去原有的指
shì tè diǎn fù chú le yòng lái chēng hu zì jǐ de fù qīn
事特点。“父”除了用来称呼自己的父亲，
hái kě yǐ zuò wéi duì yǔ fù qīn tóng bèi de nán xìng qīn shǔ de chēng
还可以作为对与父亲同辈的男性亲属的称
hu rú bó fù jiù fù děng yě néng zuò wéi duì mǒu yì
呼，如“伯父、舅父”等；也能作为对某一
zhǒng dà shì yè de chuàng shǐ zhě de zūn chēng rú qīng dàn zhī
种大事业的创始者的尊称，如“氢弹之
fù děng
父”等。

fù zì de yǎn biàn
【“父”字的演变】

甲骨文	金文	小篆	隶书	简体字
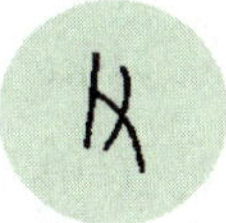	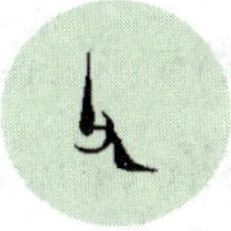		父	父

yīng yǔ yì diǎn tōng
【英语一点通】

“父”的英文是 father。英文中有句谚语：“Like father，like son.”意思就是“有其父，必有其子”。如果给 father 加上一个单词 grand（大的），即 grandfather，则表示“（外）祖父”。如果 father 和 foster（收养的）连用，即 foster father，则指“养父”。

kē pǔ xiǎo zhī shi
【科普小知识】

xiàn dài xì jù zhī fù nuó yì bǔ shēng
“现代戏剧之父”——[挪]易卜生；

yuán wǔ qǔ zhī fù ào lǎo yuē hàn shī tè láo sī
“圆舞曲之父”——[奥]老约翰·施特劳斯；

jiāo xiǎng yuè zhī fù ào hǎi dùn
“交响乐之父”——[奥]海顿；

xiàn dài yì shù zhī fù fǎ bǎo luó sài shàng
“现代艺术之父”——[法]保罗·塞尚；

kē huàn xiǎo shuō zhī fù fǎ rú lè fán ěr nà
“科幻小说之父”——[法]儒勒·凡尔纳；

fēi jī zhī fù měi lái tè xiōng dì
“飞机之父”——[美]莱特兄弟；

zá jiāo shuǐ dào zhī fù zhōng yuán lóng píng
“杂交水稻之父”——[中]袁隆平。

母

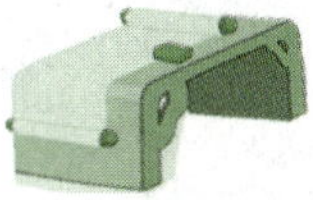

世界上每一位母亲都是伟大、无私的，我们靠着吮吸她们融入母爱的乳汁才逐渐长大。古人深念母亲的哺育之恩，在创造“母”字时，就怀着崇敬的心情，突出了母亲用以喂养孩子的乳房。甲骨文的“母”是个象形字，描画的是一个两臂交叉、跪坐着的人形，字形中间的两点表示乳房。到金文，字形的上面多了一横，表示绾起发髻的簪子，整个字形合起来看，就像两手放在胸前、胸部袒露、乳房突出的处于哺乳期的母亲形象，也就是说，“母”的本义即母亲。到小篆，字形趋于符号化，隶书最终规整字形为“母”，已很难让人看出其中的象形意味。除本义指母亲外，“母”字还被引申为女性长辈、雌性、本源、根源等。

【“母”字的演变】

甲骨文	金文	小篆	隶书	简体字

【英语一点通】

“母”的英文是 mother，即指“母亲”。我们常说的“失败乃成功之母”的英文就是 failure is the mother of success，其中 failure 和 success 是反义词，failure 指“失败”，而 success 的意思是“成功”。另外，mother 加上 grand，即 grandmother，便表示“(外)祖母”。

【科普小知识】

人类氏族社会的早、中期为母系氏族，即建立在母系血缘关系上的社会组织。母系氏族实行原始共产制与平均分配劳动产品。早期母系氏族就有自己的语言、名称。同一氏族有共同的血缘，崇拜共同的祖先。氏族成员生前共同生活，死后葬于共同的氏族墓地。随着原始农业及家畜饲养的出现，作为其发明者的妇女在生产和经济生活中、在社会上受到尊敬，取得主导地位和支配地位。

男

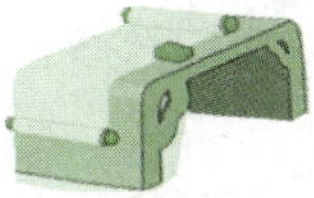

zài guò qù de chuán tǒng guān niàn zhōng yǔ nǚ rén zhǔ yào cāo
在过去的传统观念中，与女人主要操
chí jiā wù de fēn gōng bù tóng nán rén de zhí zé shì yào chéng dān
持家务的分工不同，男人的职责是要承担
nóng tián gēng zuò de láo dòng yīn cǐ gǔ rén gēn jù nán rén zài
农田耕作的劳动。因此，古人根据男人在
jiā tíng zhōng de fēn gōng ér chuàng zào chū le nán zì jiǎ gǔ
家庭中的分工而创造出了“男”字。甲骨
wén jīn wén zhōng nán yóu yí gè tián hé yí gè shǒu bì jí
文、金文中，“男”由一个“田”和一个手臂及
shǒu de jiǎn shěng tú xíng huì yì ér chéng biǎo shì yǐ qiáng jiàn de bì
手的简省图形会意而成，表示以强健的臂
lì jìn xíng nóng tián gēng zuò nán rén shì yí gè jiā tíng zhōng de zhǔ
力进行农田耕作。男人是一个家庭中的主
yào láo dòng lì nán de běn yì jí zhǐ nán rén yǔ nǚ xiāng
要劳动力，“男”的本义即指男人，与“女”相
duì xiǎo zhuàn de zì xíng qū yú chōu xiàng bìng yǎn biàn wéi shàng xià
对。小篆的字形趋于抽象，并演变为上下
jié gòu lì shū yuán cǐ xiě zuò yǔ jiǎ gǔ wén zì xíng yǐ
结构，隶书缘此写作“**男**”，与甲骨文字形已
xiāng qù shèn yuǎn yǎn biàn zhōng nán yòu yǐn shēn wéi nán xìng
相去甚远。演变中，“男”又引申为男性
de rú nán xué shēng hái yǐn shēn zhǐ ér zi rú zhǎng nán
的，如“男学生”；还引申指儿子，如“长男”
děng lìng wài nán shì gǔ dài fēng jiàn shè huì gěi yǒu gōng jiàng
等。另外，“男”是古代封建社会给有功将
shì suǒ shòu fēng de wǔ děng jué wèi jí gōng hóu bó zǐ
士所授封的五等爵位，即“公、侯、伯、子、
nán zhōng de zuì hòu yì děng
男”中的最后一等。

nán zì de yǎn biàn
【“男”字的演变】

甲骨文　　金文　　小篆　　隶书　　简体字

yīng yǔ yì diǎn tōng
【英语一点通】

“男”的英文是 man。例如，“He is a boring man.”意思是“他是一个乏味的男人”，其中 boring 的意思是“令人厌烦的、乏味的”。单词 male 也指“男人、男性的”，如 male nurse 即指“男护士”，an attractive male 即指“一个有吸引力的男人”。

xiǎo péng you cāi mí yǔ
【小朋友猜谜语】

tián yǒu dì yǒu tiān méi yǒu，tǔ yǒu mù yǒu shuǐ méi yǒu；
田有地有天没有，土有木有水没有；

gǔ yǒu nán yǒu běi méi yǒu，lǎo yǒu nán yǒu nǚ méi yǒu。
古有南有北没有，老有男有女没有。

dǎ yí zì
（打一字）

mí dǐ shí
（谜底：十）

女

从甲骨文到小篆，“女”的字形只比“母”字少了两点，其他结构则几乎完全一致。甲骨文中，“女”字描画的是一个上身直立、跪坐的人形，其双手交叉放于胸前的矜持之态表明了她的性别，即“女”特指女性、女人。金文的字形比甲骨文多出表示发簪之类头饰的横线，则更加明确地表示“女”即成年女性。小篆承袭金文，但字形变得抽象。到隶书，写作“女”，字形则完全符号化。“女”与“男”相对，在古代专指未婚女性，而已婚女性则被称为“妇”。在演变中，“女”还引申指女儿。另外，“女”还可以作偏旁，组成字义与女性有关的字如“娇、媚”等。

nǚ zì de yǎn biàn
【"女"字的演变】

甲骨文 金文 小篆 隶书 简体字

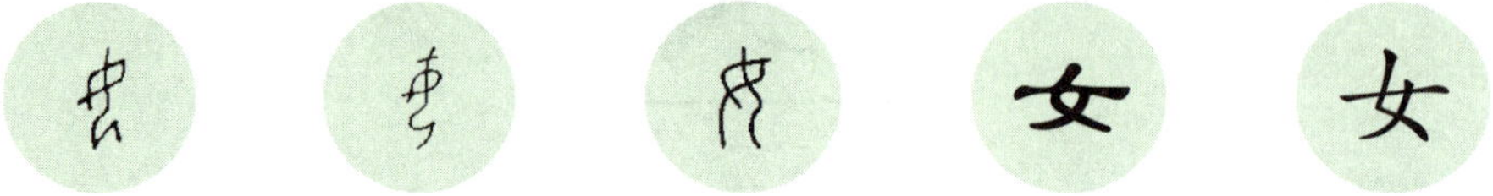

yīng yǔ yì diǎn tōng
【英语一点通】

"女"的英文有 woman，指"成年女子、妇女"；还有 girl，指"女孩、少女"。如"The little girl has grown up into a pretty woman."意为"小女孩已长成一个漂亮的女子"。另外，单词 female 也可以指"女人、女性的"，如 a female teacher 即指"一位女教师"。

xiǎo péng you bèi shī cí
【小朋友背诗词】

shí tou chéng
石头城

táng liú yǔ xī
〔唐〕刘禹锡

shān wéi gù guó zhōu zāo zài，cháo dǎ kōng chéng jì mò huí。
山围故国周遭在，潮打空城寂寞回。
huái shuǐ dōng biān jiù shí yuè，yè shēn huán guò nǚ qiáng lái。
淮水东边旧时月，夜深还过女墙来。

（**注释** 石头城：在今南京西清凉山，三国时孙吴就用石壁筑城戍守，称石头城，后人也每以石头城指建业。故国：旧都，石头城在六朝时代一直是国都。周遭：环绕。旧时：此处指汉魏六朝时。女墙：石头城上的矮城。）

妻

xiǎo péng you tīng shuō guo ma zài gǔ dài nǚ zǐ jià rén hái
小朋友听说过吗？在古代，女子嫁人还
shi wèi jià rén cóng tóu shàng jiù kě yǐ kàn chū lái wèi chū jià shí
是未嫁人从头上就可以看出来。未出嫁时
tā men shū biàn zi lín chū jià shí cái bǎ tóu fa lǒng shàng qù wǎn
她们梳辫子，临出嫁时才把头发拢上去绾
chéng fà jì jiào zuò shàng tóu biǎo shì zì jǐ jiāng gǎi biàn shè
成发髻，叫作“上头”，表示自己将改变社
huì jué sè hé shēn fèn yào chū jià chéng wéi bié rén de qī zi gǔ
会角色和身份，要出嫁成为别人的妻子。古
rén suǒ zào de qī zì jiù miáo huà le nǚ zǐ shàng tóu de qíng
人所造的“妻”字就描画了女子“上头”的情
jǐng jiǎ gǔ wén zhōng qī shì zuǒ yòu jié gòu zuǒ biān wéi yí
景。甲骨文中，“妻”是左右结构：左边为一
guì zuò de nǚ zǐ xíng xiàng zì xíng shàng de sān tiáo qū xiàn tū chū
跪坐的女子形象，字形上的三条曲线突出
qiáng diào jiāng yào gǎi biàn fà shì de cháng fà yòu biān wéi yì shǒu
强调将要改变发式的长发；右边为一手
xíng liǎng xíng huì yì biǎo shì nǚ zǐ jiāng tóu fa wǎn chéng fà jì
形。两形会意，表示女子将头发绾成发髻，
yì jí nǚ zǐ jià rén chéng wéi nán xìng de pèi ǒu jīn wén xiǎo
意即女子嫁人成为男性的配偶。金文、小
zhuàn de qī shǒu xíng chā rù nǚ zǐ de cháng fà zhōng zì xíng
篆的“妻”，手形插入女子的长发中，字形
biàn de jǐn còu lì shū yuán cǐ zuì zhōng jiāng zì xíng gù dìng wéi
变得紧凑。隶书缘此最终将字形固定为
qī zài yǎn biàn zhōng qī de zì yì yě míng què wéi nán
“**妻**”。在演变中，“妻”的字义也明确为男
rén míng méi zhèng qǔ de pèi ǒu
人明媒正娶的配偶。

qī zì de yǎn biàn
【“妻”字的演变】

甲骨文　金文　小篆　隶书　简体字

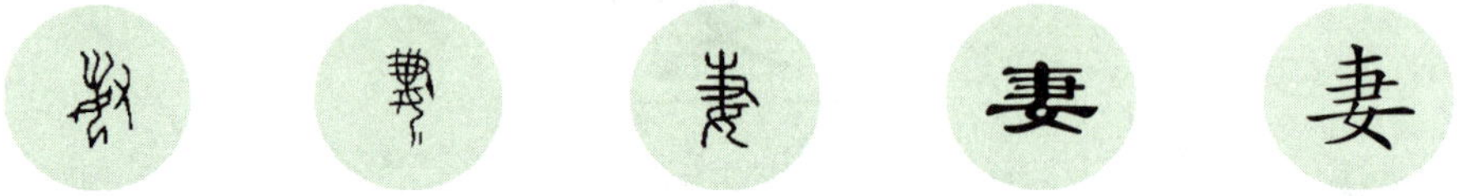

yīng yǔ yì diǎn tōng

【英语一点通】

“妻”的英文是 wife。与 wife 相对的单词是 husband，即指“丈夫”。与 wife 音、形接近的单词有 wine（酒）、wipe（擦）、wire（电线）、wise（聪明的）等。

xiǎo péng you tīng gù shi

【小朋友听故事】

dōng hàn shí yǒu gè jiào yuè yáng zǐ de rén，zài wài qiú xué bù jiǔ jiù yīn xiǎng niàn qī zi ér huí dào jiā zhōng。tā de qī zi wèn míng yuán gù hòu，ná qǐ dāo kuài bù zǒu dào zhī bù jī qián shuō dào：“zhè xiē zhèng zài zhī zhe de bù pǐ cóng cán jiǎn dào zhī jī，dōu shì jīng yì gēn gēn sī jī lěi，cái yóu cùn dào zhàng zuì hòu chéng pǐ de。rú guǒ xiàn zài gē duàn tā men，jiù huì qián gōng jìn qì。nín yào jī lěi xué wen，jiù yīng dāng rì yǒu suǒ xué；rú guǒ zhōng tú fǎn huí，nà tóng gē duàn zhè bù pǐ yǒu hé bù tóng？”yuè yáng zǐ bèi qī zi de huà suǒ gǎn dòng，yú shì fǎn huí jì xù yán xiū xué yè。

东汉时有个叫乐羊子的人，在外求学不久就因想念妻子而回到家中。他的妻子问明缘故后，拿起刀快步走到织布机前说道：“这些正在织着的布匹从蚕茧到织机，都是经一根根丝积累，才由寸到丈最后成匹的。如果现在割断它们，就会前功尽弃。您要积累学问，就应当日有所学；如果中途返回，那同割断这布匹有何不同？”乐羊子被妻子的话所感动，于是返回继续研修学业。

妇

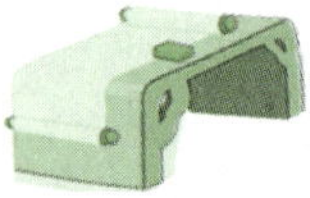

zài nán gēng nǚ zhī de chuán tǒng nóng yè shè huì fù nǚ yì
在男耕女织的传统农业社会，妇女一
bān zài jiā cāo chí jiā wù yīn cǐ gǔ rén xuǎn qǔ le yí gè jù
般在家操持家务。因此，古人选取了一个具
yǒu dài biǎo xìng de jiā wù láo dòng de qíng jǐng chuàng zào chū le
有代表性的家务劳动的情景，创造出了
fù zì jiǎ gǔ wén jīn wén zhōng fù de zuǒ biān shì yì
“妇”字。甲骨文、金文中，“妇”的左边是一
bǎ sào zhou de xiàng xíng yòu biān shì yí gè shuāng shǒu jiāo chā de guì
把扫帚的象形，右边是一个双手交叉的跪
zuò de nǚ xìng xíng xiàng liǎng xíng huì yì biǎo shì yí gè nǚ rén shǒu
坐的女性形象，两形会意，表示一个女人手
ná sào zhou dǎ sǎo wèi shēng jiè zhǐ fù de běn yì wéi yǐ hūn
拿扫帚打扫卫生，借指“妇”的本义为已婚
nǚ xìng xiǎo zhuàn de zì xíng tiáo zhěng le jié gòu bìng qū yú fú
女性。小篆的字形调整了结构，并趋于符
hào huà lì shū yuán cǐ xiě zuò hàn zì jiǎn huà hòu yòu
号化。隶书缘此写作“婦”。汉字简化后又
yǎn biàn wéi fù fù zài xiàn dài hàn yǔ zhōng wéi fù nǚ
演变为“妇”。“妇”在现代汉语中为“妇女”
de jiǎn chēng rú fù lián dàn zài gǔ dài fù zhuān zhǐ yǐ
的简称，如“妇联”。但在古代，“妇”专指已
hūn nǚ zǐ tā yǔ biǎo shì yì bān yì yì de nǚ xìng de nǚ zì
婚女子，它与表示一般意义的女性的“女”字
bù néng hùn yòng lìng wài fù hái yǐn shēn wéi qī zi rú
不能混用。另外，“妇”还引申为妻子，如
fū fù jí zhǐ fū qī
“夫妇”即指夫妻。

fù zì de yǎn biàn

【“妇”字的演变】

甲骨文	金文	小篆	隶书	简体字
		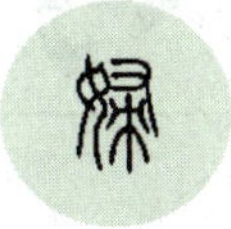		妇

yīng yǔ yì diǎn tōng

【英语一点通】

“妇”指“妇女”时，英文是 woman，如“妇孺”即为 women and children，也就是“妇女和孩子”的意思。当“妇”表示已婚女子，特别指“妻子”时，英文是 wife，如“夫妇”即为 husband and wife。小朋友还要注意，woman 的复数形式属不规则变化，应该为 women。

kē pǔ xiǎo zhī shi

【科普小知识】

guó jì fù nǚ jié yòu chēng lián hé guó fù nǚ quán yì hé guó
国际妇女节又称“联合国妇女权益和国
jì hé píng rì huò sān bā guó jì fù nǚ jié shì quán shì jiè láo
际和平日”或“三八国际妇女节”，是全世界劳
dòng fù nǚ tuán jié zhàn dòu de guāng huī jié rì nián yuè
动妇女团结战斗的光辉节日。1909 年 3 月 8
rì měi guó zhī jiā gē nǚ gōng wèi zhēng qǔ zì yóu píng děng ér jǔ
日，美国芝加哥女工为争取自由平等而举
xíng bà gōng hé shì wēi yóu xíng cì nián yuè zài dān mài gē běn
行罢工和示威游行。次年 8 月，在丹麦哥本
hā gēn zhào kāi de dì èr cì guó jì shè huì zhǔ yì fù nǚ dài biǎo huì
哈根召开的第二次国际社会主义妇女代表会
yì jué dìng wèi le cù jìn guó jì láo dòng fù nǚ de tuán jié hé jiě
议决定，为了促进国际劳动妇女的团结和解
fàng yǐ měi nián yuè rì wéi guó jì fù nǚ jié
放，以每年 3 月 8 日为国际妇女节。

好

在“友好相处”“这件事好办”“天气好冷”等短语中，“好”分别表示“友爱、容易、很”等意思。但是，“好”的最初字义指“美、貌美”。在远古时代，人们盼望氏族繁衍、人丁兴旺，于是特别尊重生育了很多孩子的妇女，并认为能生育的女性才是美的。这种观念反映在造字上，于是出现了甲骨文的“好”字。甲骨文“好”字就是一个女人怀抱一个孩子的图形，会意为生养了孩子的女性，也指抽象的概念“美好、貌美”等。金文、小篆调整了字形结构，女性形象被换到了左边。隶书缘此写作“好”，但已经完全符号化。演变中，“好”还引申为优点多或使人满意，与“坏”相对，如“好人”等。

hǎo zì de yǎn biàn

【“好”字的演变】

甲骨文　金文　小篆　隶书　简体字

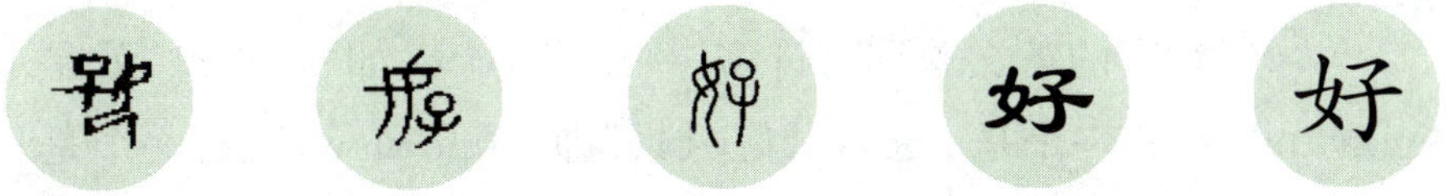

yīng yǔ yì diǎn tōng

【英语一点通】

“好”对应的英文单词有许多，一个是 good，如“好消息”就是 good news；另一个是 fine，如“好风景”即 a fine view；还有一个是 nice，如“好姑娘”就是 a nice girl。另外，good 的反义词是 bad，表示“坏的”，而 bad 与 dad（爸爸）音、形易混，小朋友要注意哟！

xiǎo péng you bèi shī cí

【小朋友背诗词】

chūn yè xǐ yǔ

春夜喜雨

táng dù fǔ

〔唐〕杜甫

hǎo yǔ zhī shí jié, dāng chūn nǎi fā shēng.
好雨知时节，当春乃发生。

suí fēng qián rù yè, rùn wù xì wú shēng.
随风潜入夜，润物细无声。

yě jìng yún jù hēi, jiāng chuán huǒ dú míng.
野径云俱黑，江船火独明。

xiǎo kàn hóng shī chù, huā zhòng jǐn guān chéng.
晓看红湿处，花重锦官城。

（**注释**　发生：萌芽生长。润物：雨水滋养植物。红湿处：被雨水打湿的花丛。花重：花沾上雨水变得沉重。锦官城：成都的别称。）

身

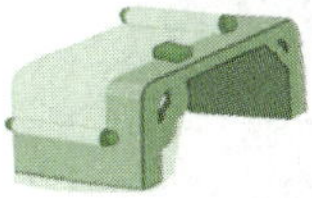

作为常用词，“身”有很多字义，如在“身躯、身段、船身”等词语中指人、动物的躯体或物体的主要部分，在“献身”中指人的生命，在“亲身”中指亲自、本人，在“身败名裂”中指人的社会地位等。小朋友或许还想问“身”的本义，但答案并不确定。有人说，甲骨文的“身”是在一个人形的腹部画上弧线，表示有了身孕；金文在腹部下面加上表示禁忌的一横，意在强调女人怀孕。因此，“身”的本义即怀孕，只是后来“身”引申为身躯后，其本义为“孕”字所替代。还有一说，即甲骨文中人形腹部的弧线指代人的躯体；金文中腹部下面的一横，意在强调身躯的部位。因此，“身”的本义即指脖子以下、脚部以上的人体部位，也就是身躯的意思。

【“身”字的演变】

甲骨文　金文　小篆　隶书　简体字

【英语一点通】

“身”的英文是 body。body 和 soul（灵魂）连用，组成短语 body and soul，意思是“全心全意地”。例如，“Serve the people body and soul.”意思就是“全心全意地为人民服务”，其中 serve 指“为……服务”，people 与 the 连用表示“人民”。

【科普小知识】

人类很早就开始探索人体的组成。公元前5世纪，西方医学奠基人、古希腊医师希波克拉底就认为，人体有血液、黏液、黄胆汁和黑胆汁四种体液。古代中国学者认为，人体包含金、木、水、火、土五种成分，如果破坏它们的平衡，就会危及人体健康，导致疾病产生。

孕

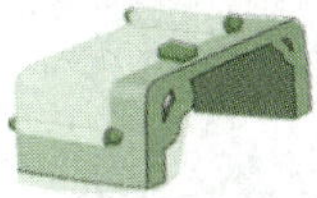

hé shēn zì xiāng bǐ yùn de jiǎ gǔ wén zì xíng gèng
和“身”字相比，“孕”的甲骨文字形更
jiā míng xiǎn de biǎo xiàn chū huái yùn de běn yì jiǎ gǔ wén zhōng
加明显地表现出“怀孕”的本义。甲骨文中
de yùn zài rén xíng de fù bù huà chū le hěn dà de hú xiàn
的“孕”，在人形的腹部画出了很大的弧线，
bìng zài lǐ miàn jiā shàng yí gè hái zi de xiàng xíng zhěng gè zì xíng
并在里面加上一个孩子的象形，整个字形
jiù huì yì wéi nǚ rén huái tāi yǒu le shēn yùn xiǎo zhuàn jiāng zì
就会意为女人怀胎、有了身孕。小篆将字
xíng biàn wéi shàng xià jié gòu yě jiàn shī xiàng xíng yì wèi lì shū
形变为上下结构，也渐失象形意味。隶书
yuán cǐ xiě zuò yùn wán chéng le zì xíng de yǎn biàn chú le
缘此写作“孕”，完成了字形的演变。除了
huái tāi shēn yùn zì yì yùn hái bèi yǐn shēn zhǐ jiù de shì wù
怀胎、身孕字义，“孕”还被引申指旧的事物
zhōng yǒu xīn shì wù de méng shēng fā yù rú yùn yù jí zhǐ
中有新事物的萌生、发育，如“孕育”即指
suī wèi xiǎn lù biǎo dá huò fā zhǎn què bāo hán zài mǒu wù běn zhì
虽未显露、表达或发展，却包含在某物本质
zhōng yùn yě kě yǐ yòng zuò hán bāo hán zhī yì rú yùn
中；“孕”也可以用作“含、包含”之义，如“孕
kuò jí zhǐ bāo yùn zǒng kuò děng
括”即指“包孕总括”等。

yùn zì de yǎn biàn
【“孕”字的演变】

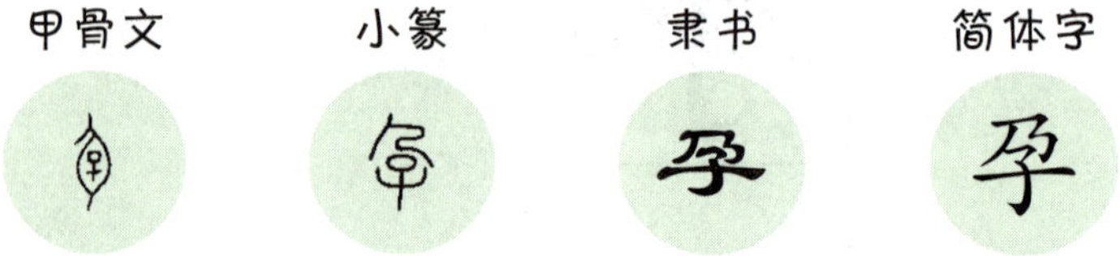

yīng yǔ yì diǎn tōng
【英语一点通】

“孕”的英文是 pregnancy，意思就是“怀孕”，是一个名词。例如，“Her second pregnancy was easy.”即表示“她第二次怀孕很轻松”。名词 pregnancy 的形容词形式是 pregnant，即指“怀孕的”，如“Our math teacher is pregnant.”意思就是“我们的数学老师怀孕了”。

kē pǔ xiǎo zhī shi
【科普小知识】

yì bān rèn wéi wén míng gǔ guó dōu jiàn lì zài hé chuān tái dì fù jìn yùn yù le zhěng gè fēi zhōu wén míng de gǔ āi jí fā yuán yú ní luó hé liú yù yùn yù le dōng yà wén míng de gǔ zhōng guó fā yuán yú huáng hé cháng jiāng liú yù yùn yù le nán yà wén míng de gǔ yìn dù fā yuán yú yìn dù hé yǔ héng hé liú yù

一般认为，文明古国都建立在河川台地附近。孕育了整个非洲文明的古埃及，发源于尼罗河流域。孕育了东亚文明的古中国，发源于黄河、长江流域。孕育了南亚文明的古印度，发源于印度河与恒河流域。

乃

“乃”是古汉语中的一个常用词，有很多字义。作代词时最常用作第二人称代词，相当于“尔”，意思是“你、你的”，如“乃父”即指你的父亲；作动词时表示判断，相当于“是、就是”，如“真乃英雄好汉”；它还可以作副词、连词等，表示“才、于是”等义。但是，“乃”的本义却是指女性的乳房，只不过该字义后来为另造的“奶”字所替代，而“乃”字便被用作其他的引申字义。甲骨文中，“乃”是女性乳房的侧面形象，其所表示的字义很直白，即指女性的乳房。金文、小篆的字形与甲骨文一脉相承，没有什么变化。到隶书，为了匀称美观，字形多了一撇，写作“**乃**”，并被沿用至今，但已没有了象形的意味。

nǎi zì de yǎn biàn

【“乃”字的演变】

甲骨文	金文	小篆	隶书	简体字
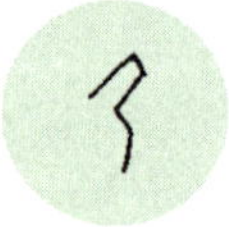				

yīng yǔ yì diǎn tōng

【英语一点通】

“乃”作连词表示“于是”时，英文是 hence。例如，“乃有此名”的英文是 hence comes the name，意思就是“于是有了这个名字”。当“乃”作代词表示“你、你的”时，英文是 you 或者 your，比如“乃父”的英文是 your father，也就是指“你的父亲”。“乃”作副词时是“是、就是”的意思，英文是 is，如“失败乃成功之母”的英文是 failure is the mother of success。

xiǎo péng you bèi shī cí

【小朋友背诗词】

shì ér

示儿

sòng lù yóu

〔宋〕陆游

sǐ qù yuán zhī wàn shì kōng, dàn bēi bú jiàn jiǔ zhōu tóng.

死去元知万事空，但悲不见九州同。

wáng shī běi dìng zhōng yuán rì, jiā jì wú wàng gào nǎi wēng.

王师北定中原日，家祭无忘告乃翁。

（**注释** 示：告诉。元：本来、原来。九州同：全国统一。王师：国家的军队。家祭：家中祭祀祖先的仪式。乃翁：你的父亲。）

乳

xiǎo péng you hái shi xiǎo bǎo bao de shí hou xū yào mā ma de
小朋友还是小宝宝的时候，需要妈妈的
rǔ zhī wèi yǎng nǐ zhī dào ma rǔ de jiǎ gǔ wén jiù shì
乳汁喂养。你知道吗？“乳”的甲骨文就是
yí gè guì zuò de xiōng qián rǔ tóu tū chū de mā ma shuāng bì lǒu
一个跪坐的、胸前乳头突出的妈妈双臂搂
zhe yí gè yīng ér bìng gěi tā wèi nǎi de tú xíng yīn cǐ rǔ
着一个婴儿，并给他喂奶的图形，因此，“乳”
de běn yì jí zhǐ bǔ rǔ wèi nǎi yě jiù shì yǐ rǔ zhī wèi yǎng
的本义即指哺乳、喂奶，也就是以乳汁喂养
yīng ér dào xiǎo zhuàn rǔ de zì xíng yǎn biàn wéi zuǒ yòu jié
婴儿。到小篆，“乳”的字形演变为左右结
gòu zuǒ shàng biān wéi yóu shuāng bì yǎn huà de shǒu xíng zuǒ xià biān
构：左上边为由双臂演化的手形，左下边
wéi yīng ér xiàng xíng yòu biān wéi mǔ qīn de jiǎn dān xiàng xíng jié hé
为婴儿象形，右边为母亲的简单象形，结合
qǐ lái zhěng gè zì xíng réng huì yì wéi bǔ rǔ lì shū jù cǐ xiě
起来，整个字形仍会意为哺乳。隶书据此写
zuò rǔ zé wán quán shī qù xiàng xíng de yì wèi rǔ de
作“乳”，则完全失去象形的意味。“乳”的
běn yì bǔ rǔ wéi dòng cí yóu cǐ yǐn shēn wéi míng cí rǔ
本义“哺乳”为动词，由此引申为名词“乳
zhī rǔ fáng děng hái yǐn shēn wéi xíng róng cí rú zài rǔ
汁、乳房”等；还引申为形容词，如在“乳
yàn rǔ hǔ rǔ yá děng cí zhōng jí xíng róng chū shēng de huò
燕、乳虎、乳牙”等词中，即形容初生的或
yòu xiǎo de
幼小的。

rǔ zì de yǎn biàn
【“乳”字的演变】

甲骨文　　小篆　　隶书　　简体字

yīng yǔ yì diǎn tōng
【英语一点通】

“乳”表示“乳房”时，英文是 breast。例如，英文 a baby at the breast 即指“在吃奶的婴儿”。当“乳”表示“乳汁”时，英文是 milk，比如“母乳”就是 breast milk。小朋友在 breast 中还能找到一个单词 east，表示“东方”。与 milk 音、形相似的词有 silk，指“丝绸”。

cí yǔ jù bǎo pén
【词语聚宝盆】

rǔ xiù wèi gān yì si shì shēn shàng de nǎi xīng qì hái méi yǒu
“乳臭未干”意思是身上的奶腥气还没有
tuì jìn xíng róng rén yòu zhì bù dǒng shì lǐ cháng yòng zuò biǎn yì
退尽，形容人幼稚、不懂事理，常用作贬义，
biǎo shì duì nián qīng rén de qīng miè huò bú xìn rèn lì rú tā hái
表示对年轻人的轻蔑或不信任。例如，他还
shi gè rǔ xiù wèi gān de xiǎo zi nǐ bié hé tā yì bān jiàn shi
是个乳臭未干的小子，你别和他一般见识。
rǔ xiù wèi gān hé nián yòu wú zhī dōu kě biǎo shì yīn nián jì
“乳臭未干”和“年幼无知”都可表示因年纪
xiǎo ér méi yǒu zhī shi jīng yàn zhī yì dàn qián zhě qiáng diào nián jì
小而没有知识、经验之义，但前者强调年纪
xiǎo wéi jī fěng zhī yǔ ér hòu zhě piān zhòng yú yīn wèi nián yòu bù
小，为讥讽之语；而后者偏重于因为年幼不
dǒng shì bù hán qīng miè jī fěng zhī yì
懂事，不含轻蔑、讥讽之义。

幼

xiǎo péng you dōu shàng guo yòu ér yuán zài nà lǐ jiē shòu guo
小朋友都上过幼儿园，在那里接受过
bǎo yù hé jiào yù yòu ér yuán zhuān wèi xué líng qián ér tóng suǒ shè
保育和教育。幼儿园专为学龄前儿童所设
zhì yòu ér yì wéi yòu xiǎo de ér tóng zhè lǐ de yòu xiǎo
置，“幼儿”义为幼小的儿童，这里的“幼小”
jí yòu de běn yì jiǎ gǔ wén zhōng yòu yóu yí gè biǎo
即“幼”的本义。甲骨文中，“幼”由一个表
shì nán rén shǒu bì de tú xíng hé yí gè qí dài de xiàng xíng huì yì
示男人手臂的图形和一个脐带的象形会意
ér chéng zhǐ gāng chū shēng de xiǎo nán hái yě jí yòu xiǎo de yì
而成，指刚出生的小男孩，也即幼小的意
si jīn wén duì zì xíng jié gòu zuò le tiáo zhěng xiǎo zhuàn zé jìn
思。金文对字形结构做了调整。小篆则进
yí bù fēn wéi zuǒ yòu jié gòu zì xíng biàn de yún chèn měi guān
一步分为左右结构，字形变得匀称、美观。
lì shū yuán xiǎo zhuàn xiě zuò yòu zì xíng yě bèi gù dìng xià lái
隶书缘小篆写作“**幼**”，字形也被固定下来。
yòu de běn yì wéi yòu xiǎo kě yǐ fàn zhǐ nián jì xiǎo wèi zhǎng
“幼”的本义为幼小，可以泛指年纪小、未长
chéng de shì wù rú yòu ér yòu chóng yòu miáo yòu nián
成的事物，如“幼儿、幼虫、幼苗、幼年”
děng hái kě yǐ zuò wéi míng cí zhǐ xiǎo hái rú yòu jiào jí
等；还可以作为名词，指小孩，如“幼教”即
yòu ér jiào yù de jiǎn chēng fú lǎo xié yòu jí zhǐ chān zhe lǎo
幼儿教育的简称，“扶老携幼”即指搀着老
rén lǐng zhe xiǎo hái
人、领着小孩。

yòu zì de yǎn biàn

【"幼"字的演变】

甲骨文	金文	小篆	隶书	简体字

yīng yǔ yì diǎn tōng
【英语一点通】

“幼”表示“幼小的、年轻的”时，英文是 young。“年轻的姑娘”即 a young girl。当“幼”表示“幼儿”时，英文是 child。young 的反义词是 old(年老的)；child 的复数形式是 children，如“儿童节”即 Children's Day。

kě ài de zǔ guó
【可爱的祖国】

yòu xué qióng lín shì zhōng guó gǔ dài ér tóng de qǐ méng dú
《幼学琼林》是中国古代儿童的启蒙读
wù zuì zǎo yóu míng mò qīng chū de xué zhě chéng dēng jí zì yǔn
物，最早由明末清初的学者程登吉（字允
shēng biān zhù quán shū yòng duì ǒu jù xiě chéng yì dú yì
升）编著。全书用对偶句写成，易读易
jì nèi róng guǎng bó bāo luó wàn xiàng bèi chēng wéi zhōng guó
记；内容广博、包罗万象，被称为“中国
gǔ dài de bǎi kē quán shū shū zhōng duì xǔ duō chéng yǔ de chū
古代的百科全书”。书中对许多成语的出
chù zuò le jiè shào dú zhě kě yǐ zhǎng wò bù shǎo chéng yǔ diǎn
处作了介绍，读者可以掌握不少成语典
gù hái kě yǐ cóng shū zhōng liǎo jiě dào zhōng guó gǔ dài de zhù
故，还可以从书中了解到中国古代的著
míng rén wù tiān wén dì lǐ diǎn zhāng zhì dù fēng sú lǐ yí
名人物、天文地理、典章制度、风俗礼仪
děng zhū duō fāng miàn de nèi róng cǐ wài shū zhōng yǒu xǔ duō
等诸多方面的内容。此外，书中有许多
jǐng jù gé yán dào xiàn zài yī rán bèi chuán sòng
警句、格言，到现在依然被传诵。

加

shuō jiǎ huà shì yì zhǒng bù chéng shí de biǎo xiàn dàn shì yǒu
说假话是一种不诚实的表现，但是有
xiē rén wèi le mǒu zhǒng mù dì què huì zài xù shù huò zhuǎn shù bié rén de
些人为了某种目的却会在叙述或转述别人的
huà shí tiān zhī jiā yè de shuō chū yì xiē shí jì shàng bìng bù cún zài
话时，添枝加叶地说出一些实际上并不存在
de huà duì yú zhè zhǒng xíng wéi gǔ rén zhuān mén zào chū le yí gè
的话。对于这种行为，古人专门造出了一个
jiā zì jìn xíng miáo huà jīn wén zhōng jiā wéi shàng xià jié
“加”字进行描画。金文中，“加”为上下结
gòu shàng bàn bù fen shì yí tiáo shǒu bì de xiàng xíng biǎo shì yǒu lì
构：上半部分是一条手臂的象形，表示有力
liàng xià bàn bù fen shì yí gè kǒu xíng liǎng xíng huì yì zhǐ jiāng huà
量；下半部分是一个口形。两形会意，指将话
yǔ kuā zhāng huà huò xuàn rǎn de hěn yǒu lì liàng yě jí tiān zhī jiā yè
语夸张化或渲染得很有力量，也即添枝加叶
shuō jiǎ huà xū bào děng xiǎo zhuàn shí zì xíng yǎn biàn wéi zuǒ yòu jié
说假话、虚报等。小篆时，字形演变为左右结
gòu yuán lái de shǒu bì zhī xíng biàn wéi lì lì shū yuán cǐ xiě
构，原来的手臂之形变为“力”。隶书缘此写
zuò jiā yǎn biàn zhōng jiā bèi yǐn shēn zhǐ zēng jiā qiáng
作“**加**”。演变中，“加”被引申指“增加、强
jiā cān jiā děng hái kě yòng lái biǎo shì chéng dù xiāng dāng yú
加、参加”等；还可用来表示程度，相当于
gèng jiā yù jiā děng xiǎo péng you chéng shí shì yì zhǒng měi
“更加、愈加”等。小朋友，诚实是一种美
dé wǒ men yǔ rén jiāo wǎng shí yīng zuò dào yǐ chéng xiāng dài kě bù
德，我们与人交往时应做到以诚相待，可不
néng shuō jiǎ huà yo
能说假话哟！

jiā zì de yǎn biàn

【“加”字的演变】

金文　　小篆　　隶书　　简体字

yīng yǔ yì diǎn tōng

【英语一点通】

“加”表示把两个或两个以上的东西或数目合在一起时，英文有两种说法：一个是 add，比如“三加四等于七”就是 add three and four to make seven；另一个是 plus，例如“二加三等于五”译为 two plus three makes five。但当“加”表示“增加”时，英文是 increase。

jì yǔ xiǎo dú zhě

【寄语小读者】

yǒu zé gǎi zhī wú zé jiā miǎn zhè jù huà shì shuō duì yú bié rén zhǐ chū de pī píng yì jiàn rú guǒ zì jǐ yǒu quē diǎn cuò wù jiù gǎi zhèng rú guǒ méi yǒu jiù yòng lái tí xǐng zì jǐ bú fàn tóng yàng de cuò wù wǒ men cóng zhè jù huà zhōng yīng gāi xué huì zhèng què duì dài bié rén de biǎo yáng yǔ pī píng tè bié shì duì dài bié rén de cuò wù pī píng cuò wù píng jià rú guǒ néng gòu zuò dào wú zé jiā miǎn duì wǒ men de chéng zhǎng jiāng huì yǒu hěn dà de bāng zhù

“有则改之，无则加勉”这句话是说对于别人指出的批评意见，如果自己有缺点错误，就改正；如果没有，就用来提醒自己不犯同样的错误。我们从这句话中应该学会正确对待别人的表扬与批评，特别是对待别人的错误批评、错误评价，如果能够做到“无则加勉”，对我们的成长将会有很大的帮助。

儿

“儿”在汉语中有很多字义，如在“儿戏”中指小孩子；在“男儿”中指年轻人；在“儿子”中指男孩子；在“儿猫”中指雄性动物；而在“盆儿、玩儿”等词中，“儿”则是词的一种后缀，起着不同的语法作用。那么“儿”的本义是什么？它是怎么造出来的？有人认为，甲骨文、金文中，“儿”字是一个头大身小的幼儿象形，字形上面的缺口表示幼儿头顶的囟门还没有完全闭合。小篆的字形上面多了几笔，表示幼儿的头发有所增加。但是也有人认为，甲骨文和小篆的“儿”是一个小孩子张口哭笑的象形。隶书承袭小篆。汉字简化后写作“儿”。虽然大家对“儿”字的起源有分歧，但都同意“儿”的本义指幼儿。

ér zì de yǎn biàn
【“儿”字的演变】

甲骨文	金文	小篆	隶书	简体字
		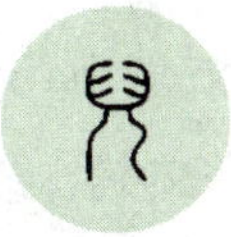	兒	儿

【英语一点通】

“儿”表示“婴儿”时，英文是 baby；“儿”指“小孩子”时，英文是 child；“儿”指“儿子”时，英文是 son；“儿”表示“雄性动物”时，英文则是 male。名词 baby 和 child 加上-ish 就变为形容词，即 babyish 和 childish，两个单词的意思都是指“孩子气的”。

【科普小知识】

儿童节，即“六一国际儿童节”，是全世界少年儿童的节日。1942 年 6 月，德国法西斯枪杀了捷克利迪策村 16 岁以上的男性公民 140 余人和全部婴儿，并把妇女和 90 名儿童押往集中营。为了悼念在利迪策村乃至全世界法西斯侵略战争中死难的儿童，保障各国儿童的生存权、保健权和受教育权，改善儿童的生活，1949 年 11 月，国际民主妇女联合会决定以每年的 6 月 1 日为国际儿童节。

兄

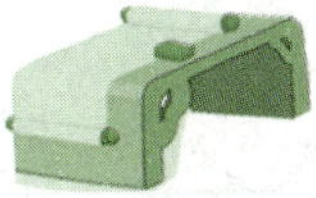

“兄”即兄长，是对哥哥的尊称。在中国传统家庭中，兄长往往扮演着半个家长的角色，在弟、妹中具有一定的权威，在特殊的时候甚至会继承父亲的角色，担起整个家庭的重担。“兄”字和我们的传统文化关系密切。甲骨文、金文的“兄”与“儿”的字形相像，但“兄”的上面是一个口形，会意为会说话的男孩子。因为会说话的孩子通常比幼儿大，所以“兄”的本义即指兄长。到小篆，字形下面的“人”演变为“儿”。隶书缘此写作“**兄**”，并将字形固定下来。“兄”除了指兄长，还可以用来称呼同辈男性中年龄比自己大的亲戚，如“表兄、堂兄”等；也可以作为对他人的尊称，如“仁兄”等。

xiōng zì de yǎn biàn
【“兄”字的演变】

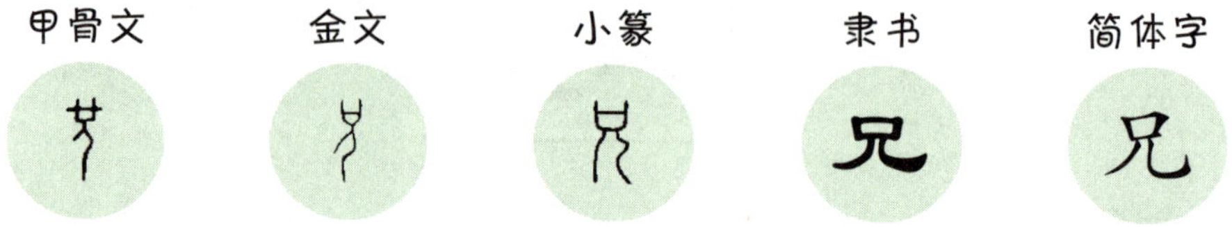

yīng yǔ yì diǎn tōng
【英语一点通】

“兄”的英文是 elder brother，即“哥哥”。其中 elder 是形容词，意为“年纪较长的”；brother 意为“兄弟”。elder 也能作名词，即“年纪较大者，长辈”，如“尊敬长辈”即 respect your elders。brother 也作“同事、伙伴”讲，如 a brother in arms（武器）即表示“战友”。

cí yǔ jù bǎo pén
【词语聚宝盆】

nàn xiōng nàn dì yǔ chū shì shuō xīn yǔ zhǐ bǐ cǐ céng gòng huàn nàn de rén huò bǐ cǐ chǔ yú tóng yàng kùn nán jìng dì de rén nàn huàn nàn lì rú liǎng rén shēng bù féng shí kōng yǒu mǎn fù xué shí què wú fǎ shī zhǎn bào fù zhēn shì yí duì nàn xiōng nàn dì

“难兄难弟”语出《世说新语》，指彼此曾共患难的人，或彼此处于同样困难境地的人。难：患难。例如，两人生不逢时，空有满腹学识，却无法施展抱负，真是一对难兄难弟。

玄

xiǎo péng you yǐ jīng zhī dào gǔ rén wǎng wǎng qǔ xiàng zào
小朋友已经知道，古人往往取象造
zì suǒ yǐ měi gè hàn zì de hán yì dà dōu yǔ qí zì xíng yǒu
字，所以每个汉字的含义大都与其字形有
guān nà me nǐ kàn kan jiǎ gǔ wén jīn wén de xuán zì xiàng
关。那么，你看看甲骨文、金文的“玄”字像
shén me nǐ néng cāi chū tā de hán yì ma yǒu rén shuō tā men
什么？你能猜出它的含义吗？有人说，它们
xiàng chán rào de gōng xián suǒ yǐ shuō xuán de běn yì zhǐ gōng
像缠绕的弓弦，所以说“玄”的本义指弓
xián yòu yǒu rén shuō tā men de xià duān xiàng dān jiǎo de sī shàng
弦；又有人说，它们的下端像单绞的丝，上
duān shì sī jiǎo shàng de jì dài zhěng gè tú xíng biǎo shì zuò rǎn sī
端是丝绞上的系带，整个图形表示作染丝
yòng de sī jié suǒ yǐ xuán bèi yòng lái zhǐ chì hēi sè jí hēi
用的丝结，所以“玄”被用来指赤黑色，即黑
zhōng dài hóng de yán sè hái yǒu rén rèn wéi xuán shì yīng ér qí
中带红的颜色；还有人认为，“玄”是婴儿脐
dài de xiàng xíng biǎo shì shì zú xuè yuán de lián jié chuán chéng yòu
带的象形，表示氏族血缘的联结、传承，又
yīn wèi qí dài gān le zhī hòu huì biàn chéng hēi sè suǒ yǐ xuán
因为脐带干了之后会变成黑色，所以“玄”
yòu zhǐ hēi sè měi zhǒng jiě shì dōu yǒu qí dào lǐ wǒ men bú bì
又指黑色。每种解释都有其道理，我们不必
jiū jié zhǐ xū míng bai yǎn biàn zhōng xuán de zì xíng zuì hòu
纠结，只需明白：演变中，“玄”的字形最后
bèi wán quán fú hào huà tóng shí qí zì yì yě dé dào kuò zhǎn
被完全符号化；同时，其字义也得到扩展，
rú yǐn shēn zhǐ shēn ào xuán xū děng
如引申指“深奥、玄虚”等。

【“玄”字的演变】

甲骨文　金文　小篆　隶书　简体字

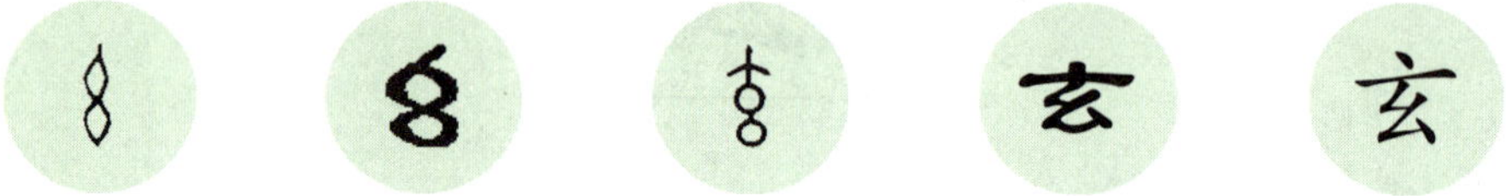

【英语一点通】

“玄”表示“黑色”时，英文是 black，如“玄狐”即 a black fox（狐狸），也就是指“黑色的狐狸”；“玄”表示“深奥”时，英文是 profound，如“玄理”即 profound theory（理论），也就是指“深奥的理论”。另外，“黑板”的英文 blackboard 中也含有 black 一词。

【可爱的祖国】

玄奘（602或600—664），俗名陈祎，河南洛阳洛州缑氏人，13岁出家。唐朝著名的高僧、佛教学者、旅行家，被称为“三藏法师”，与鸠摩罗什、真谛并称为中国佛教三大翻译家，唯识宗创始人之一。629年，他从长安西行赴印度；645年，回到长安。玄奘是明代吴承恩所著的中国著名古典小说《西游记》的中心人物唐僧的原型。

系

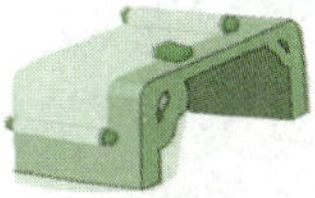

如同对“玄”字的本义有多种解释一样，人们由于对“系”字的甲骨文、金文字形有不同的理解，因此对“系”的本义也有不同解释。有人认为，“系”的上面为一只手的象形，中间为扎结的绳线，下面为婴儿脐带的两端，多形会意为扎结脐带，即本义为系结、扎结；还有人认为，“系”的上面是“爪”，下面是“丝”，会意为丝悬于掌中而下垂，即本义为悬、挂。“系”演变至小篆，字形得到简化，变得美观、工整。隶书缘此写作“系”，其后该字形被一直沿用。“系”是多音字，读作“xì”时有很多字义，如在“关系”中指关联、“系念”中指牵挂等；它还指高校中按学科所分的教学行政单位，如“中文系”等。

zì de yǎn biàn
【“系”字的演变】

甲骨文　金文　小篆　隶书　简体字

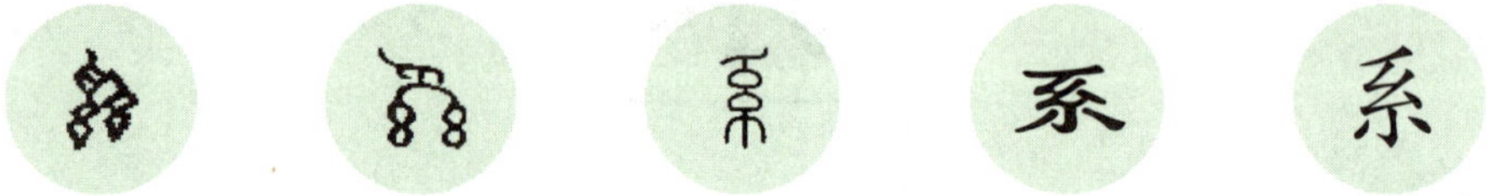

yīng yǔ yì diǎn tōng
【英语一点通】

“系”的英文是 tie，表示“打结”。如“系住你的鞋带”即 tie your shoelaces，其中 shoelace（鞋带）由 shoe（鞋子）和 lace（系带）组成。与 tie 相似的词有 die（死亡）、lie（躺）、pie（馅饼）。

cí yǔ jù bǎo pén
【词语聚宝盆】

xì fēng bǔ yǐng yì si shì shuān zhù fēng zhuō zhù yǐng
“系风捕影”意思是拴住风，捉住影
zi bǐ yù wú fǎ bàn dào de shì yě bǐ yù shuō huà zuò shì
子。比喻无法办到的事，也比喻说话做事
yǐ bù kě kào de chuán wén huò biǎo miàn xiàn xiàng zuò gēn jù lì
以不可靠的传闻或表面现象作根据。例
rú tā zhè ge rén hào bān nòng shì fēi zhěng tiān xì fēng bǔ
如，他这个人好搬弄是非，整天系风捕
yǐng shuō yì xiē ràng rén bù néng xiāng xìn de huà xì fēng bǔ
影，说一些让人不能相信的话。“系风捕
yǐng de jìn yì cí yǒu bǔ fēng zhuō yǐng bǔ fēng xì yǐng wàng
影”的近义词有“捕风捉影、捕风系影、望
fēng bǔ yǐng děng
风捕影”等。

绝

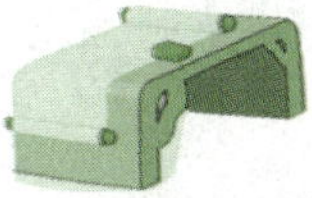

cóng jiǎ gǔ wén jīn wén de zì xíng pàn duàn jué de běn
从甲骨文、金文的字形判断，“绝”的本
yì yǔ jì xiāng fǎn dàn yǔ jì de qíng kuàng yí yàng rén
义与“系”相反。但与“系”的情况一样，人
men yóu yú duì jué de zì xíng yǒu bù tóng lǐ jiě yīn cǐ duì qí
们由于对“绝”的字形有不同理解，因此对其
běn yì yě yǒu bù tóng jiě shì yǒu rén rèn wéi jiǎ gǔ wén de
本义也有不同解释。有人认为，甲骨文的
jué miáo huà de shì gěi lián jiē zài yì qǐ de qí dài zhōng jiān jiā
“绝”描画的是给连接在一起的脐带中间加
shàng sān héng biǎo shì qiē duàn qí dài liǎng duān huì yì wéi zhōng zhǐ
上三横，表示切断脐带两端，会意为中止
xuè yuán de yán xù yě jiù shì shuō jué de běn yì jí duàn zǐ
血缘的延续，也就是说，“绝”的本义即断子
jué sūn yě yǒu rén rèn wéi jué de jiǎ gǔ wén shì rén yòng dāo
绝孙；也有人认为，“绝”的甲骨文是人用刀
jiǎn duàn sī xiàn zhī xíng suǒ yǐ jué de běn yì wéi bǎ sī nòng
剪断丝线之形，所以“绝”的本义为把丝弄
duàn jīn wén de jué chéng xí jiǎ gǔ wén zì xíng zhōng chū xiàn
断。金文的“绝”承袭甲骨文，字形中出现
dāo jiǎn zhī xíng dào xiǎo zhuàn jué yǎn biàn wéi yì cóng mì
刀剪之形。到小篆，“绝”演变为义从“糸”
jí dāo shēng cóng jié de xíng shēng zì lì shū yuán cǐ xiě
及“刀”、声从“卩”的形声字。隶书缘此写
zuò jué bìng yán yòng zhì jīn zài zì tǐ yǎn biàn zhōng jué
作“**绝**”，并沿用至今。在字体演变中，“绝”
yòu yǐn shēn chū duàn jué qióng jìn dú tè děng zì yì
又引申出“断绝、穷尽、独特”等字义。

jué zì de yǎn biàn
【“绝”字的演变】

甲骨文	金文	小篆	隶书	简体字

yīng yǔ yì diǎn tōng
【英语一点通】

“绝”表示“断绝”时，英文为短语 cut off。其中 cut 是一个动词，意思是“切、割”；off 用作副词，表示“……下、……掉”等。例如，“绝其后路”就是 cut off his retreat，其中 retreat 指“撤退、后退”。

xiǎo péng you bèi shī cí
【小朋友背诗词】

jiāng xuě
江雪

táng liǔ zōng yuán
〔唐〕柳宗元

qiān shān niǎo fēi jué wàn jìng rén zōng miè
千山鸟飞绝，万径人踪灭。

gū zhōu suō lì wēng dú diào hán jiāng xuě
孤舟蓑笠翁，独钓寒江雪。

（**注释** 千山：虚指所有的山。绝：无、没有。万径：虚指所有的路。人踪：人的踪迹。灭：消失。孤：孤零零。舟：小船。蓑：蓑衣。笠：斗笠。）

御

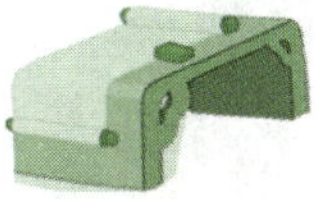

xiǎo péng you xǐ huan kàn xī yóu jì ma nà nǐ zhī dào
小朋友喜欢看《西游记》吗？那你知道
wèi shén me táng sēng bèi chēng wéi yù dì ma yuán lái xī
为什么唐僧被称为“御弟”吗？原来，《西
yóu jì zhōng táng sēng cóng cháng ān chū fā qù wǎng xī tiān qǔ jīng
游记》中唐僧从长安出发去往西天取经
qián céng hé táng tài zōng lǐ shì mín jié bài wéi xiōng dì yīn wèi táng
前，曾和唐太宗李世民结拜为兄弟，因为唐
sēng nián líng xiǎo ér táng tài zōng yòu shì huáng dì suǒ yǐ táng sēng
僧年龄小，而唐太宗又是皇帝，所以唐僧
jiù chéng le yù dì zài gǔ dài fán yǔ huáng dì xiāng guān de
就成了“御弟”。在古代，凡与皇帝相关的
dōu chēng wéi yù bǐ rú yù shàn zhǐ huáng dì de yǐn shí
都称为“御”，比如“御膳”指皇帝的饮食。
zǒng zhī yù shì duì dì wáng suǒ zuò suǒ wéi jí suǒ yòng zhī wù
总之，“御”是对帝王所作所为及所用之物
de jìng chēng dàn shì yù de běn yì què bìng fēi rú cǐ ér
的敬称。但是，“御”的本义却并非如此，而
shì zhǐ jià shǐ chē mǎ jiǎ gǔ wén de yù shì rén shǒu wò jiāng
是指驾驶车马。甲骨文的“御”，是人手握缰
shéng xíng yú dào zhōng de xiàng xíng jí jià shǐ chē mǎ jīn wén de
绳行于道中的象形，即驾驶车马。金文的
zì xíng zēng jiā le biǎo shì chū xíng de fú hào zhǐ gèng qiáng diào
字形增加了表示出行的符号“止”，更强调
le jià shǐ chē mǎ zhī yì xiǎo zhuàn chéng xí jīn wén lì shū yuán
了驾驶车马之义。小篆承袭金文。隶书缘
cǐ xiě zuò yù bìng yán yòng zhì jīn chú le yǐ shàng zì yì
此写作“**御**”并沿用至今。除了以上字义，
yù hái yǐn shēn zhǐ dǐ dǎng fáng yù děng
“御”还引申指“抵挡、防御”等。

yù zì de yǎn biàn
【“御”字的演变】

甲骨文　金文　小篆　隶书　简体字

【英语一点通】

“御”指“驾驭”时，英文是 drive，如“驾驭马车”即为 drive a carriage，其中 carriage 意为“马车”。如果给动词 drive 加上后缀，它就变为名词，即 driver（驾驶者、司机），如 carriage driver 即指“驾驭马车者”。另外，driver 中还有一个词 river（江、河），小朋友要记住哟！

【可爱的祖国】

湖南张家界御笔峰，峰高 100 余米，是天子山风景区的最佳景点之一，被公认为武陵源砂岩大峰林风光的标志性景点。附近景点中，舌子岩似悬挂于空中、浮于云海；另有两山夹缝，宽仅 1 米，下临深渊，寸步难行；还有一石峰宛若一仙女手捧鲜花含笑献人，遂得名“仙女献花”。

考

在学校，小朋友会经常参加各门功课的考试。考试是对大家所学知识的一种测试，而“考试”中的“考”字即测验的意思。但小朋友肯定想不到，“考”字的本义却是指人年纪大。甲骨文、金文的“考”字描画的就是一个拄着拐棍、老态龙钟、佝偻的老人形象：上面的符号表示稀疏的头发、中间是弓着腰的人形、下面的图形是拐杖，合起来即指人年纪大。小篆的字形变得圆润、美观。隶书缘此写作“考”，已完全符号化。在演变的过程中，“考”被引申指去世的父亲，如“考妣”即对死去的父母的称呼。另外，“考”还引申指考察，如“考绩”义即考察功绩；而在“考证、考古”中，“考”则指推求、研究等。

kǎo zì de yǎn biàn
【“考”字的演变】

甲骨文　金文　小篆　隶书　简体字

yīng yǔ yì diǎn tōng
【英语一点通】

“考”的英文是 examine，指“考试、测验”。单词 examine 是一个动词，它的名词形式是 examination，如“He has passed the examination.”即“他考试通过了”。另外，examine 加上后缀可以变为新的单词，如 examiner 指“主考者、考官”，examinee 表示“应试者”。

kě ài de zǔ guó
【可爱的祖国】

kǎo jù xué shì zhōng guó chuán tǒng xué shù de yì zhǒng zhì xué
考据学是中国传统学术的一种治学
fāng fǎ yòu chēng kǎo zhèng xué huò pǔ xué yì bān yǐ jīng xué wéi
方法，又称考证学或朴学，一般以经学为
zhōng xīn yǐ shí shì qiú shì wú zhèng bú xìn wéi yuán zé
中心，以“实事求是、无证不信”为原则，
zhǔ yào duì gǔ jí jiā yǐ zhěng lǐ jiào kān zhù shū jí yì
主要对古籍加以整理、校勘、注疏、辑佚
děng kǎo jù xué chǎn shēng yú míng dài zhōng hòu qī shì hàn xué jiā
等。考据学产生于明代中后期，是汉学家
suǒ shǐ yòng de zhǔ yào zhì xué fāng fǎ dào qīng dài dé dào xùn sù fā
所使用的主要治学方法；到清代，得到迅速发
zhǎn quán shèng shí qī de dài biǎo rén wù yǒu huì dòng dài zhèn duàn
展，全盛时期的代表人物有惠栋、戴震、段
yù cái děng qí kǎo zhèng fāng fǎ dà tóng xiǎo yì
玉裁等，其考证方法大同小异。

老

“老师”是小朋友在学校每天都会用到的一个词，在这个词里，“老”只是加在姓、名或某些称谓前面的词缀，不具有实际含义。但在其他情况下，“老”的含义却很丰富。从字形演变来看，“老”与“考”的最初字形差别不大，都是一个弓背老人拄着拐杖的象形，只是金文、小篆中的拐杖图形变为表示动作含义的符号。隶书的字形承袭小篆，写作“**老**”，并沿用至今。根据最初字形，有人认为“老”的本义指年岁很大的女人，但大部分人认为“老”的本义就是指年老、衰老。现在“老”字一般指年岁大，与“幼”相对，如“老人”等；还指总是、经常，如“老是生病”；而在“老地方”中则表示原来的。

lǎo zì de yǎn biàn

【“老”字的演变】

甲骨文　金文　小篆　隶书　简体字

yīng yǔ yì diǎn tōng

【英语一点通】

和“老”对应的英文有很多，其中一个是 aged，表示“年岁大的”。aged 是一个形容词，但给 aged 前面加上定冠词 the，即 the aged，则起名词的作用，指“老人”。如“尊老爱幼”即 respect the aged and love the young，其中 young 在这里是名词，表示“年轻人”。

cí yǔ jù bǎo pén

【词语聚宝盆】

lǎo shēng cháng tán yǔ chū sān guó zhì yuán zhǐ lǎo shū
“老生常谈”语出《三国志》，原指老书
shēng jīng cháng tán lùn de shì wù huò guān diǎn hòu fàn zhǐ háo wú
生经常谈论的事物或观点，后泛指毫无
xīn yì de lǐ lùn huò lǎo huà yǒu shí yě kě yǐ yòng zuò zì qiān
新意的理论或老话，有时也可以用作自谦。
lǎo shēng lǎo shū shēng lì rú wǒ lǎn de yìng chou shuō
老生：老书生。例如，我懒得应酬，说
lái shuō qù quán shì tīng nì le de lǎo shēng cháng tán lǎo
来说去，全是听腻了的老生常谈。“老
shēng cháng tán de jìn yì cí yǒu chén cí làn diào lǎo diào
生常谈”的近义词有“陈词滥调、老调
chóng tán fǎn yì cí yǒu biāo xīn lì yì zhēn zhī zhuó
重弹”，反义词有“标新立异、真知灼
jiàn děng
见”等。

每

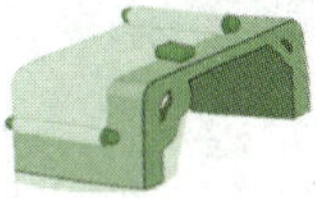

“每”的字形非常奇怪，从甲骨文开始，它的演变就与“母”字相似，只不过每种字形的上半部分都比“母”多了一两笔。有人说，从甲骨文到小篆，“每”字上面多出的符号，是发簪之类头饰的象形，因此，“每”的最初字义即母亲，它是“母”的异体字；还有人说，“每”字多出的符号是草木初生的象形，也即“屮”，因此，“每”是一个义从“屮”、声从“母”的形声字，其本义为草旺盛生长。关于“每”的本义曾经有两种说法，无论哪个正确，现在都已经不再使用。“每”字常用的字义要么为副词，指常常或每一次，如“每逢”等；要么为代词，指各个，如“每天”等。

měi zì de yǎn biàn
【“每”字的演变】

甲骨文　金文　小篆　隶书　简体字

yīng yǔ yì diǎn tōng
【英语一点通】

“每”的英文有 every、each 等，指全体中的任何一个或一组。但是，each 用来指两个或两个以上中的每一个，而 every 只可指三个或三个以上中的每一个。比如，可以说 each of my eyes，不能说 every one of my eyes，但可以说 every one of my toes（脚趾）。

xiǎo péng you bèi shī cí
【小朋友背诗词】

jiǔ yuè jiǔ rì yì shān dōng xiōng dì
九月九日忆山东兄弟

táng wáng wéi
〔唐〕王　维

dú zài yì xiāng wéi yì kè　měi féng jiā jié bèi sī qīn
独在异乡为异客，每逢佳节倍思亲。

yáo zhī xiōng dì dēng gāo chù　biàn chā zhū yú shǎo yì rén
遥知兄弟登高处，遍插茱萸少一人。

（**注释**　九月九日：农历九月初九重阳节。异乡：他乡。倍：加倍、更加。遥知：远远地想到。登高：民间在重阳节有登高的习俗。茱萸：一种带香味的植物，古人在重阳节有插戴茱萸的习俗。）

毓

xiǎo bǎo bao zài mǔ qīn dù zi lǐ dāi le shí gè yuè zuǒ yòu
小宝宝在母亲肚子里待了十个月左右
hòu mǔ qīn jiù yào jiāng xiǎo bǎo bao fēn miǎn chū lái mǔ qīn fēn
后，母亲就要将小宝宝分娩出来。母亲分
miǎn yīng ér shì fēi cháng shén shèng dàn yě hěn xīn kǔ de yí jiàn shì
娩婴儿是非常神圣但也很辛苦的一件事，
hàn zì yù de zuì chū zì xíng miáo huà de jiù shì mǔ qīn fēn miǎn
汉字“毓”的最初字形描画的就是母亲分娩
shí de qíng jǐng jiǎ gǔ wén zhōng yù de zuǒ biān shì yí gè
时的情景。甲骨文中，“毓”的左边是一个
mǔ qīn de xiàng xíng yòu biān shì yí gè tóu cháo xià gāng gāng cóng
母亲的象形，右边是一个头朝下、刚刚从
mǔ tǐ zhōng fēn miǎn chū lái de yīng ér de xiàng xíng yīng ér xià miàn
母体中分娩出来的婴儿的象形，婴儿下面
de xiǎo diǎn dài biǎo fēn miǎn shí liú chū de yáng shuǐ huò xuè shuǐ duō
的小点代表分娩时流出的羊水或血水，多
xíng huì yì yù jí zhǐ shēng yù jīn wén xiǎo zhuàn de zì
形会意，“毓”即指生育。金文、小篆的字
xíng yǒu suǒ biàn huà dàn huì yì de jié gòu bú biàn lì shū yuán cǐ
形有所变化，但会意的结构不变。隶书缘此
xiě zuò yù zì xíng suī rán guī zhěng dàn yǐ kàn bù chū qí zuì
写作“毓”，字形虽然规整，但已看不出其最
chū zì xíng de xiàng xíng yì wèi cóng jiǎ gǔ wén dào jīn wén
初字形的象形意味。从甲骨文到金文，
yù de zì xíng yǔ yù xiāng tóng yě jiù shì shuō yù shì
“毓”的字形与“育”相同，也就是说，“毓”是
yù de yì tǐ zì zhǐ shì hòu lái dāng yù zhuān zhǐ shēng yù
“育”的异体字，只是后来当“育”专指生育
hòu yù jiù bú zài yòng lái biǎo shì shēng yù děng yì yì le
后，“毓”就不再用来表示生育等意义了。

yù zì de yǎn biàn
【"毓"字的演变】

甲骨文　金文　小篆　隶书　简体字

yīng yǔ yì diǎn tōng
【英语一点通】

"毓"表示"生育"时，英文是 give birth to，如"She gave birth to twins."意为"她生了双胞胎"，其中 twins 的意思是"双胞胎"，单词 birth 指"出生、分娩"。与 birth 相联系的词有 birthday，表示"生日"；还有 birthplace，指"出生地"。

cí yǔ jù bǎo pén
【词语聚宝盆】

zhōng líng yù xiù yì si shì níng jù le tiān dì jiān de líng
"钟灵毓秀"意思是凝聚了天地间的灵
qì yùn yù zhe yōu xiù de rén wù zhǐ shān chuān xiù měi rén cái
气，孕育着优秀的人物，指山川秀美、人才
bèi chū zhōng huì jù jí zhōng yù yùn yù chǎn shēng
辈出。钟：会聚、集中；毓：孕育、产生。
lì rú guì lín shān shuǐ jiǎ tiān xià yòu shì zhōng líng yù xiù zhī
例如，桂林山水甲天下，又是钟灵毓秀之
dì zhōng líng yù xiù de jìn yì cí yǒu luán xiáng fèng jí
地。"钟灵毓秀"的近义词有"鸾翔凤集"
děng luán xiáng fèng jí yòng lái bǐ yù yōu xiù de rén cái huì
等。"鸾翔凤集"用来比喻优秀的人才会
jù dào yì qǐ
聚到一起。

繁

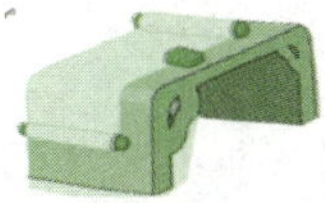

"繁"一般表示众多、复杂、兴盛等，是一个抽象概念。古人在创造"繁"字时，借用了母亲的形象来进行会意。金文中，"繁"字的左上边是一个处于哺乳期的母亲的象形，右下边则是一个胎儿的脐带的符号，下面的三条短线表示生育的孩子很多，多形会意，"繁"字即指生育了很多孩子。小篆的"繁"调整了字形，但会意特点没变。其后，出现了"緐"及"繁"两种字形，第一种直接承袭小篆，第二种则远承金文并增添了笔画。后来，因为人们更多地使用第二种字形"繁"，第一种字形"緐"逐渐被废弃。"繁"在演变中衍生出了很多字义，如"繁殖"即指生物产生新个体，"繁茂"即指茂盛等。

【“繁”字的演变】

金文　小篆　隶书　简体字

【英语一点通】

“繁”的英文是 numerous，表示“繁多”。例如，“纷繁”就是 numerous and complicated，其中 complicated 的意思是“结构复杂的”。与 numerous 同根的词有 numeral，指“数词、数字”；还有 numerical，表示“数字的、数值的”等。

【可爱的祖国】

冰心（1900—1999）是中国现代文学史上最著名的女作家之一。她的诗作《繁星》和《春水》，不仅是其诗歌的代表作，也是中国现代诗歌的代表性作品。哲理性强是冰心诗作的一大艺术特点，纤柔是其诗歌的另一个显著特色。她的文字轻柔雅丽、韵律浑然天成、意境优美清丽，给人留下深刻印象。

衣

qiū tiān lǐ shù yè huáng dà shù tuō xià lǜ yī shang ér
“秋天里，树叶黄，大树脱下绿衣裳。”儿
gē jiāng shù de lǜ yè bǐ zuò rén de yī shang gē zhōng de shù yè shì
歌将树的绿叶比作人的衣裳。歌中的树叶是
fàn zhǐ bú yòng jù tǐ dào nǎ piàn shù yè dà nǎ piàn shù yè xiǎo jiù
泛指，不用具体到哪片树叶大、哪片树叶小，就
rú tóng yī shang fàn zhǐ yī fu yě bú yòng shuō qīng chu shì shàng yī hái
如同衣裳泛指衣服，也不用说清楚是上衣还
shi kù zi yí yàng dàn shì xiǎo péng you zhī dào ma yī hé
是裤子一样。但是，小朋友知道吗？“衣”和
zài gǔ dài fēn bié zhǐ liǎng zhǒng bù tóng de gài niàn yī zhǐ
“裳”在古代分别指两种不同的概念：“衣”指
de shì shàng yī dú zuò wéi xià yī zhǐ gǔ rén xià
的是上衣；“裳”读作 cháng，为下衣，指古人下
shēn chuān de qún zhuāng jiǎ gǔ wén de yī jiù shì shàng yī de
身穿的裙装。甲骨文的“衣”就是上衣的
xiàng xíng zì de shàng biān biǎo shì yī lǐng liǎng biān kāi kǒu de dì fang
象形：字的上边表示衣领，两边开口的地方
zhǐ yī xiù xià miàn de qū xiàn biǎo shì yī jīn gǔ rén shàng yī de
指衣袖，下面的曲线表示衣襟。古人上衣的
yī jīn chéng yì xié cháng de sān jiǎo xíng qí jiǎo duān cóng rén de qián
衣襟成一斜长的三角形，其角端从人的前
xiōng xié xiàng yòu huò zuǒ rào zhì bèi hòu zài zā zài yāo jiān jīn wén
胸斜向右或左绕至背后，再扎在腰间。金文、
xiǎo zhuàn de zì xíng jī běn shàng miáo huà chū le zhè zhǒng shàng yī de tè
小篆的字形基本上描画出了这种上衣的特
diǎn dàn lì shū shí zì xíng guī zhěng bèi gù dìng wéi yī jiù
点。但隶书时，字形规整，被固定为“衣”，就
shī qù le xiàng xíng de yì wèi
失去了象形的意味。

yī zì de yǎn biàn
【“衣”字的演变】

甲骨文	金文	小篆	隶书	简体字

yīng yǔ yì diǎn tōng
【英语一点通】

“衣”的英文为 clothing，意思是“衣服”。如“丰衣足食”即 have ample food and clothing，其中 ample 指“丰富的、充足的”，food 指“食物”。当“衣”表示包在物体外面的一层东西时，英文是 coating，如“糖衣”即 sugar coating，其中 sugar 指“糖”。

kě ài de zǔ guó
【可爱的祖国】

hàn fú jí hàn zú fú shì de jiǎn chēng zhǔ yào zhǐ qīng dài
汉服，即汉族服饰的简称，主要指清代
yǐ qián zài wén huà fā zhǎn hé mín zú jiāo róng guò chéng zhōng xíng
以前，在文化发展和民族交融过程中形
chéng de hàn zú de chuán tǒng mín zú fú shì hàn fú de zhǔ yào
成的汉族的传统民族服饰。汉服的主要
tè diǎn shì jiāo lǐng yòu rèn shù yāo yòng shéng dài jì jié jiān
特点是交领、右衽、束腰，用绳带系结，兼
yòng dài gōu děng gěi rén yǐ sǎ tuō piāo yì de yìn xiàng hàn fú
用带钩等，给人以洒脱飘逸的印象。汉服
de yóu lái kě zhuī sù dào sān huáng wǔ dì shí qī hòu lì jīng zhōu
的由来可追溯到三皇五帝时期，后历经周
cháo de zhōu lǐ zhì guī fàn zhì shì dào le hàn cháo yīn tuī chóng
朝的周礼制规范制式，到了汉朝因推崇
zhōu lǐ ér qū xiàng wán shàn bìng pǔ jí cǐ hòu gè cháo dài
周礼而趋向完善并普及。此后，各朝代
de hàn fú suī yǒu jú bù biàn dòng dàn qí zhǔ yào tè diǎn bú
的汉服虽有局部变动，但其主要特点不
biàn jūn yǐ hàn dài de wéi jī běn tè zhēng
变，均以汉代的为基本特征。

常

xiǎo péng you yǐ jīng zhī dào cháng zhǐ xià yī jí gǔ rén
小朋友已经知道，“裳”指下衣，即古人
xià shēn chuān de qún zhuāng dàn shì gǔ rén zuì chū zào chū de biǎo
下身穿的裙装。但是古人最初造出的表
shì xià yī de zì què shì cháng jīn wén de cháng wéi huì yì
示下衣的字却是“常”。金文的“常”为会意
zì shàng miàn de liǎng piě zhǐ yāo de liǎng cè zhōng jiān bàn bāo wéi
字：上面的两撇指腰的两侧；中间半包围
de zì xíng jí biǎo shì fù gài zhī yì xià miàn de zì xíng
的字形即“冖”，表示覆盖之义；下面的字形
dài biǎo rén de yīn bù duō xíng huì yì jí zhǐ chán rào yú yāo de
代表人的阴部；多形会意，即指缠绕于腰的
liǎng cè yòng yú zhē bì xià tǐ de qún zhuāng dào xiǎo zhuàn zì
两侧、用于遮蔽下体的裙装。到小篆，字
xíng biàn de fù zá shàng miàn xiě zuò shàng xià miàn zēng jiā le
形变得复杂：上面写作“尚”，下面增加了
yí gè jīn jì biǎo míng qún zhuāng de zhì dì wéi bù bó yòu
一个“巾”，既表明裙装的质地为布帛，又
fǎn yìng le jīn cháng guà yú gǔ rén yāo xià de xiàn xiàng ér
反映了“巾”常挂于古人腰下的现象，而
cháng yě yóu cǐ yǎn biàn wéi huì yì jiān xíng shēng zì lì shū
“常”也由此演变为会意兼形声字。隶书
yuán cǐ xiě zuò cháng zì xíng dé dào què dìng cháng hòu lái
缘此写作“常”，字形得到确定。“常”后来
cháng bèi yòng yú yǐn shēn yì píng cháng jīng cháng děng
常被用于引申义“平常、经常”等。

cháng zì de yǎn biàn
【“常”字的演变】

金文　小篆　隶书　简体字

yīng yǔ yì diǎn tōng
【英语一点通】

“常”表示“普通”时英文是 ordinary。如“不寻常的”即为 out of the ordinary，其中词组 out of 的意思是“超出、离开”。当“常”表示“时常、常常”时，英文是 often，如“She goes to concerts quite often.”意思是“她常去听音乐会”，其中 concert 的意思是“音乐会、演奏会”。

cí yǔ jù bǎo pén
【词语聚宝盆】

cháng bèi bú xiè yì si shì shí kè zhǔn bèi zhe háo bù sōng xiè xíng róng jǐng tì xìng gāo cháng shí cháng bèi fáng bèi zhǔn bèi xiè xiè dài fàng sōng lì rú wǒ men yào tí gāo jǐng tì jiā qiáng zhàn bèi shù lì cháng bèi bú xiè de zuò zhàn sī xiǎng

“常备不懈”意思是时刻准备着，毫不松懈，形容警惕性高。常：时常；备：防备、准备；懈：懈怠、放松。例如，我们要提高警惕、加强战备，树立常备不懈的作战思想。

裘

wǒ men de zǔ xiān zài xué huì fǎng bù bó yǐ qián bǎ shòu pí
我们的祖先在学会纺布帛以前，把兽皮
zuò chéng yī fu yòng lái zhē xiū bì hán qiú de jiǎ gǔ wén
做成衣服用来遮羞、避寒。“裘”的甲骨文
jiù shì duì zhè zhǒng yòng shòu pí zuò chéng de yī fu de xiàng xíng miáo
就是对这种用兽皮做成的衣服的象形描
huà zì de shàng bàn bù fen biǎo shì yī lǐng zhōng jiān liǎng biān kāi
画：字的上半部分表示衣领，中间两边开
kǒu chù zhǐ yī xiù xià bàn bù fen zé shì yī jīn de lún kuò yǐ jí
口处指衣袖，下半部分则是衣襟的轮廓以及
pí yī xiàng wài fān chū de shòu máo dào jīn wén zì xíng de wài wéi
皮衣向外翻出的兽毛。到金文，字形的外围
biàn huà bú dà dàn lǐ miàn zēng jiā le yí gè qiú zì jí dài
变化不大，但里面增加了一个“求”字，即带
yǒu shòu máo fú hào de shǒu xíng biǎo shì shǒu cóng dài yǒu shòu máo de
有兽毛符号的手形，表示手从带有兽毛的
xiù zi lǐ shēn chū lái yīn cǐ jīn wén de qiú yǎn biàn wéi yì
袖子里伸出来。因此，金文的“裘”演变为义
cóng yī shēng cóng qiú de xíng shēng zì xiǎo zhuàn yǔ jīn
从“衣”、声从“求”的形声字。小篆与金
wén yí mài xiāng chéng zì xíng gèng jiā měi guān dào lì shū zì
文一脉相承，字形更加美观。到隶书，字
xíng wán quán fú hào huà bìng jiāng qiú zhì yú yī shàng xiě
形完全符号化，并将“求”置于“衣”上，写
zuò qiú jiǎn tǐ zì chéng xí lì shū zì xíng bǎo chí bú biàn
作“**裘**”。简体字承袭隶书，字形保持不变。
qiú de běn yì jí pí yī xiàn zài de zì yì yě méi yǒu shén me
“裘”的本义即皮衣，现在的字义也没有什么
biàn huà
变化。

qiú zì de yǎn biàn
【“裘”字的演变】

甲骨文 金文 小篆 隶书 简体字

yīng yǔ yì diǎn tōng

【英语一点通】

“裘”的英文是 fur coat，即指“毛皮做的衣服”，其中 fur 意为“毛、毛皮”，coat 指“外衣、外套”。如“狐裘”的英文即 a fox fur coat，指用狐狸的毛皮做成的衣服，其中 fox 指“狐狸”。小朋友能从 fox 联想到 ox（公牛）、box（箱子、盒子）等单词吗？

cí yǔ jù bǎo pén

【词语聚宝盆】

féi mǎ qīng qiú yì si shì qí féi zhuàng de mǎ chuān qīng
“肥马轻裘”意思是骑肥壮的马，穿轻
nuǎn de pí yī xíng róng shēng huó háo huá shē chǐ qiú pí
暖的皮衣，形容生活豪华奢侈。裘：皮
yī féi mǎ qīng qiú de jìn yì cí yǒu yāo chán wàn guàn
衣。“肥马轻裘”的近义词有“腰缠万贯、
jī yù duī jīn fǎn yì cí yǒu jiā tú sì bì yì pín rú
积玉堆金”，反义词有“家徒四壁、一贫如
xǐ děng
洗”等。

衰

xiǎo péng you kàn guo màn huà ā shuāi ma zhǔ
小朋友看过漫画《阿衰 on line》吗？主
rén gōng ā shuāi de gù shi jiù xiàng tā de míng zi yí yàng huá jī
人公阿衰的故事就像他的名字一样滑稽
kě xiào zài shū zhōng ā shuāi běn lái jiào ā shuài kě shì dà jiā
可笑。在书中，阿衰本来叫阿帅，可是大家
jué de tā bìng bú shuài suǒ yǐ gěi tā qǔ le gè dài biǎn yì de huá
觉得他并不帅，所以给他取了个带贬义的滑
jī wài hào ā shuāi dàn shì xiǎo péng you kě néng hái bù
稽外号——“阿衰”。但是小朋友可能还不
zhī dào shuāi zì de běn yì shì zhǐ yòng cǎo huò zōng biān zhī qǐ
知道，“衰”字的本义是指用草或棕编织起
lái de suō yī jīn wén de shuāi jiù shì yí jiàn suō yī de jiǎn
来的蓑衣。金文的“衰”就是一件蓑衣的简
bǐ bái miáo zì xíng de shàng bàn bù fen xiàng suō yī pī zài jiān
笔白描：字形的上半部分像蓑衣披在肩
shàng xià bàn bù fen xiàng suō yī zhī xíng dào xiǎo zhuàn jīn wén
上，下半部分像蓑衣之形。到小篆，金文
de zì xíng bèi hé wéi yì tǐ bìng zài tā de shàng miàn hé xià miàn
的字形被合为一体，并在它的上面和下面
fēn bié jiā shàng le yī zì de shàng xià fēn tǐ liǎng xíng huì
分别加上了“衣”字的上下分体，两形会
yì réng zhǐ suō yī lì shū yuán cǐ xiě zuò shuāi bìng bèi yán
意，仍指蓑衣。隶书缘此写作“衰”，并被沿
yòng xià lái yǎn biàn zhōng shuāi de zì yì yòu yǐn shēn wéi shuāi
用下来。演变中，“衰”的字义又引申为“衰
bài shuāi ruò děng wèi le qū bié běn yì gǔ rén gěi shuāi zì
败、衰弱”等，为了区别本义，古人给“衰”字
jiā shàng lìng zào suō zì lái biǎo shì suō yī
加上“艹”，另造“蓑”字来表示蓑衣。

shuāi zì de yǎn biàn

【“衰”字的演变】

金文	小篆	隶书	简体字

yīng yǔ yì diǎn tōng

【英语一点通】

“衰”的英文是 decline，表示“衰退、减退”，如 on the decline 即指“在衰退中、没落”。单词 decline 还有“谢绝、拒绝”等义，如 decline an invitation with thanks 即表示“婉言谢绝邀请”，其中 invitation 的意思是“邀请”。另外，decline 中有一个单词 line，指“线、行列”。

xiǎo péng you bèi shī cí

【小朋友背诗词】

huí xiāng ǒu shū

回乡偶书

táng hè zhī zhāng

〔唐〕贺知章

shào xiǎo lí jiā lǎo dà huí, xiāng yīn wú gǎi bìn máo shuāi

少小离家老大回，乡音无改鬓毛衰。

ér tóng xiāng jiàn bù xiāng shí, xiào wèn kè cóng hé chù lái

儿童相见不相识，笑问客从何处来。

（**注释** 偶书：因所见所感而偶然写的诗。老大：年纪大了。乡音：家乡的口音。鬓毛：额角边靠近耳朵的头发。衰：疏落、衰败。）

巾

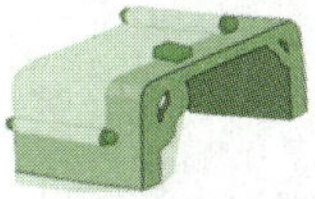

zhōng guó shào nián xiān fēng duì shì wǒ men shào nián ér tóng de
中国少年先锋队是我们少年儿童的
zǔ zhī měi gè shào xiān duì yuán dōu yào pèi dài hóng lǐng jīn hóng
组织，每个少先队员都要佩戴红领巾。红
lǐng jīn dài biǎo hóng qí de yì jiǎo shì shào xiān duì yuán de biāo zhì
领巾代表红旗的一角，是少先队员的标志。
xiǎo péng you yīng gāi zhī dào hóng lǐng jīn de jīn zì jiù shì pèi
小朋友应该知道，红领巾的“巾”字就是佩
jīn de yì si wǒ men de zǔ xiān zài hěn zǎo de shí hou jiù zhī dào
巾的意思。我们的祖先在很早的时候就知道
bǎ máo pí huò bù bó cái chéng pà jīn huò pèi jīn yòng lái cā wù
把毛皮或布帛裁成帕巾或佩巾，用来擦物
huò zhě dài zài tóu shàng jiǎ gǔ wén zhōng jīn jiù xiàng yí kuài
或者戴在头上。甲骨文中，“巾”就像一块
fāng jīn bèi guà qǐ lái de yàng zi běn yì jiù shì pèi jīn shì bù
方巾被挂起来的样子，本义就是佩巾、拭布。
cóng jīn wén dào jiǎn tǐ zì jīn yóu yú zì xíng jiǎn jié shēng
从金文到简体字，“巾”由于字形简洁、生
dòng yì zhí bèi yán yòng wèi fā shēng biàn huà jīn chú le běn
动，一直被沿用，未发生变化。“巾”除了本
yì biǎo shì pèi jīn huò shì bù hái kě yǐ zhǐ wéi jīn zhěn jīn
义表示佩巾或拭布，还可以指围巾、枕巾
děng zài hàn yǔ zhōng jīn hái shi gè bù shǒu zì yóu jīn
等。在汉语中，“巾”还是个部首字，由“巾”
wéi piān páng zǔ chéng de zì rú mào guó zhàng děng qí zì yì
为偏旁组成的字如“帽、帼、帐”等，其字义
dà dōu yǔ pèi shì huò bù bó yǒu guān
大都与配饰或布帛有关。

jīn zì de yǎn biàn
【“巾”字的演变】

甲骨文 金文 小篆 隶书 简体字

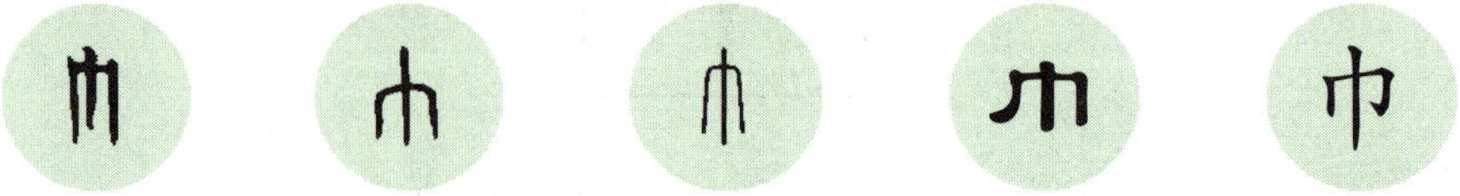

yīng yǔ yì diǎn tōng
【英语一点通】

“巾”的英文有多种，如 napkin 指“餐巾”、scarf 指“围巾”、towel 指“毛巾”、kerchief 指“头巾”等。其中，napkin 中含有单词 nap（打盹）及 kin（亲戚），scarf 中有单词 scar（伤疤）及 car（汽车），kerchief 中有单词 chief（主要的）。

xiǎo péng you tīng gù shi
【小朋友听故事】

sān guó shí shǔ guó chéng xiàng zhū gě liàng shuài jūn gōng dǎ wèi
三国时，蜀国丞相诸葛亮率军攻打魏
guó yǔ sī mǎ yì duì zhì yú wèi nán wèi le ràng sī mǎ yì chū bīng
国，与司马懿对峙于渭南。为了让司马懿出兵
yíng zhàn zhū gě liàng cǎi yòng jī jiàng fǎ pài rén gěi sī mǎ yì sòng
迎战，诸葛亮采用激将法，派人给司马懿送
qù yì duī fù nǚ yòng de tóu jīn hé fà shì bìng xiě xìn shuō nǐ sī
去一堆妇女用的头巾和发饰，并写信说：你司
mǎ yì yí gè dà yīng xióng yě tài dǎn xiǎo le jìng rán bù gǎn yìng
马懿一个大英雄也太胆小了，竟然不敢应
zhàn rú guǒ nǐ gǎn chū zhàn jiù shì nán zǐ hàn fǒu zé jiù gān
战！如果你敢出战，就是男子汉；否则，就干
cuì chá zhī mǒ fěn yòng nǚ rén de tóu jīn bāo tóu zuò gè jīn guó yīng
脆搽脂抹粉，用女人的头巾包头，做个巾帼英
xióng ba sī mǎ yì dú le xìn fēi cháng shēng qì dàn tā zhī dào
雄吧！司马懿读了信非常生气，但他知道
zhè shì zhū gě liàng shǐ zhà yīn cǐ bìng wèi zhòng jì chū bīng
这是诸葛亮使诈，因此并未中计出兵。

帚

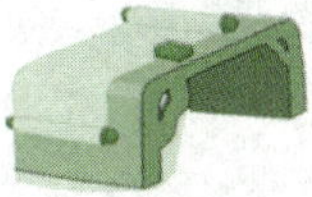

xiǎo péng you zuò zhí rì gǎo wèi shēng dǎ sǎo jiào shì shí huì
小朋友做值日搞卫生、打扫教室时会
yòng dào sào zhou sào zhou suī rán kàn qǐ lái jiǎn dān dàn nǐ qiān wàn
用到扫帚。扫帚虽然看起来简单，但你千万
bié qīng shì tā tā kě shì yuǎn gǔ shí dài wǒ men de zǔ xiān jiù yǐ
别轻视它，它可是远古时代我们的祖先就已
jīng kāi shǐ shǐ yòng de qīng jié gōng jù jiǎ gǔ wén jīn wén zhōng
经开始使用的清洁工具。甲骨文、金文中，
zhǒu zì jiù shì yì bǎ sào zhou de xiàng xíng miáo huà shàng miàn shì
“帚”字就是一把扫帚的象形描画：上面是
sào zhou de zhǒu shēn xià miàn shì sào zhou bàr jīn wén zhōng jiān
扫帚的帚身，下面是扫帚把儿，金文中间
de liǎng diǎn yì héng biǎo shì kǔn zā sào zhou de shéng suǒ zhěng gè
的两点一横表示捆扎扫帚的绳索。整个
zì jí biǎo shì sào zhou zhī yì dào xiǎo zhuàn zhǒu de zì xíng
字即表示扫帚之义。到小篆，“帚”的字形
biàn de gōng zhěng měi guān dàn shī qù xiàng xíng de tè diǎn lì
变得工整、美观，但失去象形的特点。隶
shū yuán cǐ xiě zuò zhǒu bìng yì zhí yán yòng zhì jīn zhǒu
书缘此写作“帚”，并一直沿用至今。“帚”
zài zì tǐ yǎn biàn zhōng qí suǒ zhǐ de sào zhou de zì yì yì zhí
在字体演变中，其所指的扫帚的字义一直
bǎo chí bú biàn
保持不变。

zhǒu zì de yǎn biàn

【"帚"字的演变】

甲骨文　金文　小篆　隶书　简体字

yīng yǔ yì diǎn tōng
【英语一点通】

“帚”的英文是 broom。与 broom 相关的谚语“New brooms sweep clean.”意思是“新官上任三把火”，其中 sweep 指“打扫”，clean 指“干净的”。与 broom 相似的词有 bloom（开花）以及 room（房间）等。

kē pǔ xiǎo zhī shi
【科普小知识】

huì xīng shì tài yáng xì zhōng de yì zhǒng xiǎo tiān tǐ zhǔ yào yóu bīng dòng wù zhì hé chén āi zǔ chéng dāng tā kào jìn tài yáng shí yù rè zhēng fā zài bīng hé zhōu wéi huì xíng chéng méng lóng de huì fà hé yóu yì tiáo xī bó wù zhì liú gòu chéng de bèi lí tài yáng fāng xiàng de huì wěi yīn wèi huì xīng xíng sì sào zhou yīn cǐ mín jiān yě sú chēng qí wéi sào zhou xīng gǔ rén zǒng shì bǎ huì xīng hé gè zhǒng zāi nàn lián xì zài yì qǐ yīn cǐ rèn wéi tā shì zāi xīng shì jiè shàng shǒu cì guān yú hā léi huì xīng de què qiè jì lù shì wǒ guó chūn qiū zhōng jì zǎi de gōng yuán qián nián de huì xīng huó dòng bǐ ōu zhōu zǎo duō nián

彗星是太阳系中的一种小天体，主要由冰冻物质和尘埃组成。当它靠近太阳时遇热蒸发，在冰核周围会形成朦胧的彗发和由一条稀薄物质流构成的背离太阳方向的彗尾。因为彗星形似扫帚，因此民间也俗称其为“扫帚星”。古人总是把彗星和各种灾难联系在一起，因此认为它是“灾星”。世界上首次关于哈雷彗星的确切记录，是我国《春秋》中记载的公元前 613 年的彗星活动，比欧洲早 600 多年。

帛

小朋友或许还不知道，“帛”是我国战国以前对丝织品的总称，包括锦、绣、绫、罗、绢等。因为给丝织品染色难度较大，而染色的技术较晚才出现，所以早期的丝织品大都为本色即白色。反映在造字上，“帛”字就是一个以“白”来指代丝织品的颜色，同时兼指读音；以“巾”来表示块状丝织物之义的会意兼形声字。从甲骨文到简体字，“帛”都保持上“白”下“巾”的字形结构，几乎没有发生什么变化。在古代，“帛”因其贵重，常常是贵族的生活奢侈品，贵族们不仅身穿各种丝织品做成的衣服，还经常用丝织物来写字绘画，如“帛画”就是指画在丝织物上的图画。

bó zì de yǎn biàn
【“帛”字的演变】

甲骨文 金文 小篆 隶书 简体字

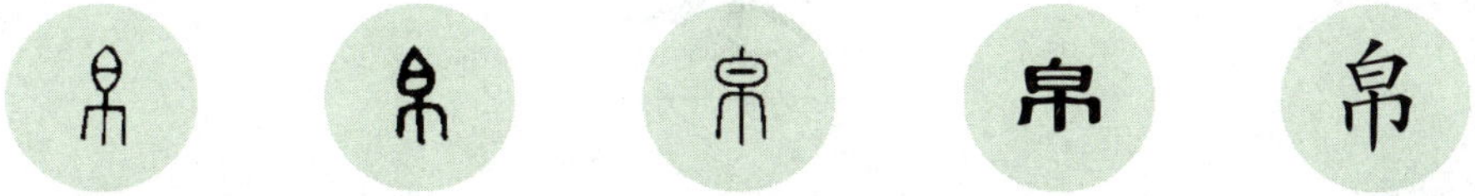

yīng yǔ yì diǎn tōng
【英语一点通】

“帛”的英文是 silks，是丝织物的总称，单词 silk 即指“丝、绸”等。古人常用帛来绘画写字，如“帛画”就是 painting on silk，其中 painting 即“绘画”；“帛书”就是 book copied on silk，其中 book 的意思是“书”，copied 是 copy（复制、抄写）的过去式。

cí yǔ jù bǎo pén
【词语聚宝盆】

yǒng chuí zhú bó yì si shì bǎ rén de xìng míng shì jì
“永垂竹帛”意思是把人的姓名、事迹、
gōng míng jì zǎi yú shǐ shū shàng yǒng yuǎn chuán yú hòu shì zhú
功名记载于史书上，永远传于后世。竹
bó zhú jiǎn hé juàn gǔ shí yòng lái xiě zì yīn cǐ jiè zhǐ diǎn
帛：竹简和绢，古时用来写字，因此借指典
jí lì rú sū wǔ bù rǔ shǐ mìng yǐ mín zú qì jié wéi
籍。例如，苏武不辱使命，以民族气节为
zhòng yīn cǐ yǒng chuí zhú bó wéi hòu shì suǒ jìng yǎng yǒng
重，因此永垂竹帛，为后世所敬仰。“永
chuí zhú bó de jìn yì cí yǒu yǒng chuí qīng shǐ míng chuí qīng
垂竹帛”的近义词有“永垂青史、名垂青
shǐ děng
史”等。

家

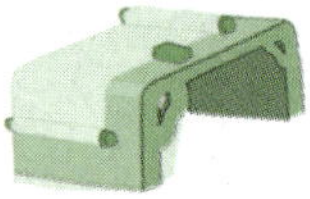

在人类社会发展的早期阶段，猪是和我们的祖先关系最为密切的一种动物。它易于豢养，肉可供食用，皮能用来制作皮革，粪便还是优质的农家肥，因此，古人很早就开始了对猪的驯养。但由于当时生产力低下，人们多在屋子里养猪，所以房子里有猪就成了家的重要标志。甲骨文的“家”描画的就是这种场景：字的外围是表示房屋的“宀”的甲骨文字形，里面则是一头猪的象形，两形会意，指屋内、住所。到金文，由于文字要铸刻于金属器皿上，笔画不易画精细，因此，字形中猪的图形变得更加丰满而形象。小篆时，字形趋于线条化，渐失象形的特点。隶书缘此写作“家”，并将字形固定下来，一直沿用至今。

jiā zì de yǎn biàn
【“家”字的演变】

甲骨文 金文 小篆 隶书 简体字

yīng yǔ yì diǎn tōng
【英语一点通】

“家”的英文是 family。如“How many people are there in your family?”的意思就是“你家有几口人?”,其中 people 指“人、家人”。另外,“家”也可以用 home 来表示,指家庭的住所。如短语 go home 意即“回家”。

xiǎo péng you cāi mí yǔ
【小朋友猜谜语】

yí gè kě ài xiǎo líng dang guà zài jiā jiā dà mén shàng
一个可爱小铃铛,挂在家家大门上。

rén rén dōu néng lái xīn shǎng gè gè dōu néng lái tīng xiǎng
人人都能来欣赏,个个都能来听响。

dǎ yì chéng yǔ
(打一成语)

mí dǐ jiā yù hù xiǎo
(谜底:家喻户晓)

穴

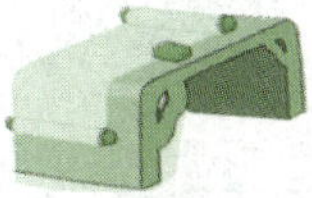

yuǎn gǔ shí dài wǒ men de zǔ xiān hái méi yǒu xué huì jiàn zào
远古时代，我们的祖先还没有学会建造
fáng wū tā men yì bān zài dòng kū xué jū dà yuē jù jīn qī qiān
房屋，他们一般在洞窟穴居。大约距今七千
dào yí wàn nián qián huáng hé zhōng xià yóu dì qū chū xiàn le yì zhǒng
到一万年前，黄河中下游地区出现了一种
dì dòng shì de jū shì yàng zi lèi sì yú huáng tǔ gāo yuán zhì jīn
地洞式的居室，样子类似于黄土高原至今
réng rán cún zài de yáo dòng jiǎ gǔ wén de xué jiù shì gǔ rén
仍然存在的窑洞。甲骨文的“穴”就是古人
duì zhè zhǒng dòng kū de xiàng xíng miáo huà zì xíng wài wéi de kuàng
对这种洞窟的象形描画：字形外围的框
xiàng shì dòng xué de dà zhì lún kuò lǐ miàn bā de bù fen biǎo
像是洞穴的大致轮廓，里面“八”的部分表
shì dòng kǒng zhěng gè zì de yì si jí zhǐ dì xià dòng xué huò tǔ
示洞孔，整个字的意思即指地下洞穴或土
kū long jīn wén xiǎo zhuàn de zì xíng lüè yǒu biàn huà dàn xiàng xíng
窟窿。金文、小篆的字形略有变化，但象形
de tè diǎn wèi biàn lì shū jiāng zì xíng wán quán fú hào huà xiě
的特点未变。隶书将字形完全符号化，写
zuò xué zhī hòu jiù bèi yì zhí yán yòng zài zì tǐ yǎn biàn
作“穴”，之后就被一直沿用。在字体演变
zhōng xué de zì yì bèi bú duàn yǐn shēn yǎn shēng chū rú mù
中，“穴”的字义被不断引申，衍生出如“墓
xué cháo xué rén tǐ xué wèi děng yì si lái cǐ wài xué
穴、巢穴、人体穴位”等意思来。此外，“穴”
hái kě zuò piān páng zǔ chéng zì yì yǔ wū shì huò dòng kū yǒu guān
还可作偏旁，组成字义与屋室或洞窟有关
de zì rú chuāng wō yáo děng
的字，如“窗、窝、窑”等。

【“穴”字的演变】

甲骨文	金文	小篆	隶书	简体字

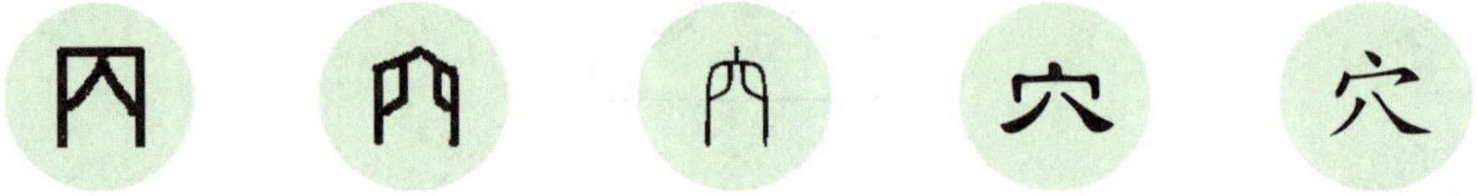

【英语一点通】

“穴”的英文是 cave，意思是“洞穴”。如 cave animal 即指“穴居动物”，而 cave painting 即指“石洞壁画”。与 cave 音、形相似的词有 pave（铺路）、save（挽救）、wave（波浪）等。

【小朋友听故事】

一只老鹰抓起一只羊羔，又飞回天上。一只穴乌看到了，非常羡慕，也想把猎物抓上天。于是，它飞到一只大公羊头上，打算把它抓上天，但爪子却被羊毛缠住了，怎么都无法挣脱。于是，牧羊人逮住穴乌，并剪断了它的翅膀。到晚上，牧羊人把穴乌带回家，拿给孩子们看。孩子们问：“爸爸，这是什么鸟？”牧羊人回答：“照我看，它怎么看都像一只穴乌，可它却偏偏要冒充老鹰。”

窗

zài jiā lǐ wǒ men zhù de wū zi wú lùn dà xiǎo yì bān
在家里，我们住的屋子无论大小，一般
dōu huì kāi yǒu chuāng hu yǐ tòu guāng tōng fēng tóng yàng yuǎn gǔ
都会开有窗户以透光通风。同样，远古
shí dài rén men zài jū zhù de dòng kū dǐng shàng yě kāi yǒu lèi sì
时代，人们在居住的洞窟顶上也开有类似
chuāng hu de tōng fēng kǒng jiǎ gǔ wén de chuāng jiù shì duì zhè
窗户的通风孔，甲骨文的“窗”就是对这
zhǒng tōng fēng kǒng de yǎng shì tú xiàng de xiàng xíng bái miáo jīn wén
种通风孔的仰视图像的象形白描。金文
de zì xíng shāo yǒu gǎi biàn bìng zài shàng miàn zēng jiā le yí tiáo biǎo
的字形稍有改变，并在上面增加了一条表
shì pái yān de duǎn xiàn yīn wèi dòng kū zhōng de tōng fēng kǒu jì
示排烟的短线。因为洞窟中的通风口既
néng tōng fēng tòu guāng yòu néng pái yān suǒ yǐ jiǎ gǔ wén jīn
能通风、透光，又能排烟，所以甲骨文、金
wén de zì xíng jì biǎo shì chuāng hu yě biǎo shì yān cōng zhè jiù
文的字形，既表示窗户也表示烟囱，这就
shì shuō chuāng hé cōng yǒu zhe tóng yàng de jiǎ gǔ wén jīn
是说，“窗”和“囱”有着同样的甲骨文、金
wén zì xíng dàn dào xiǎo zhuàn chuāng yǔ cōng fēn dào yáng
文字形。但到小篆，“窗”与“囱”分道扬
biāo zì xíng shàng duō chū le zhè ge biàn huà fǎn yìng le
镳，字形上多出了“宀”，这个变化反映了
chuāng hu hé yān cōng de gōng néng suí zhe rén men jū zhù huán jìng de
窗户和烟囱的功能随着人们居住环境的
gǎi shàn ér zhú jiàn bèi fēn kāi de shì shí lì shū chéng xí jīn wén
改善而逐渐被分开的事实。隶书承袭金文，
jiāng zì xíng guī zhěng wéi chuāng bìng yán yòng zhì jīn
将字形规整为“窗”，并沿用至今。

chuāng zì de yǎn biàn

【"窗"字的演变】

甲骨文	金文	小篆	隶书	简体字

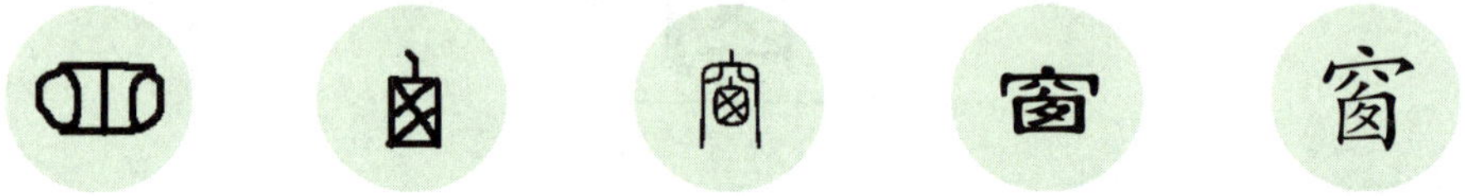

yīng yǔ yì diǎn tōng
【英语一点通】

“窗”的英文是 window。由 window 组成的词有 screen window，指“纱窗”；double window，意思是“双层窗”。其中，screen 指“帘、屏幕”，double 指“双的、双重的”。与 window 音、形相似的词有 widow，意思是“寡妇”，小朋友可不要搞混了。

xiǎo péng you bèi shī cí
【小朋友背诗词】

chū xià shuì qǐ
初夏睡起

sòng yáng wàn lǐ
〔宋〕杨万里

méi zi liú suān jiàn chǐ yá，bā jiāo fēn lǜ shàng chuāng shā。
梅子流酸溅齿牙，芭蕉分绿上窗纱。

rì cháng shuì qǐ wú qíng sī，xián kàn ér tóng zhuō liǔ huā。
日长睡起无情思，闲看儿童捉柳花。

（**注释** 流酸溅齿牙：余酸还残留在牙齿之间。分绿上窗纱：绿荫映衬到纱窗上。思：情绪。柳花：柳絮。）

门

xiǎo tù zi guāi guāi bǎ mén ér kāi kai kuài diǎn ér kāi
“小兔子乖乖，把门儿开开，快点儿开
kai wǒ yào jìn lái tóng huà zhōng de xiǎo dòng wù dōu zhī dào wū
开，我要进来。”童话中的小动物都知道，屋
zi yǒu le mén jiù néng dǐ yù dà huī láng ér wǒ men de zǔ xiān
子有了门就能抵御大灰狼。而我们的祖先
yě shì cǎi qǔ gěi zhù suǒ zhuāng shàng mén de bàn fǎ lái fáng yù yě
也是采取给住所装上门的办法来防御野
shòu bìng bì hán jiǎ gǔ wén de mén jiù shì zuì chū de mén de
兽并避寒。甲骨文的“门”就是最初的门的
xiàng xíng kě yǐ kàn chū dāng shí de mén jiǎn dān cū cāo jiù xiàng
象形，可以看出，当时的门简单粗糙，就像
lí ba suī rán hòu lái mén fā zhǎn de yuè lái yuè jiān gù jīng měi
篱笆。虽然后来门发展得越来越坚固精美，
dàn cóng jīn wén yì zhí dào lì shū mén de zì xíng bìng méi yǒu tài
但从金文一直到隶书，“门”的字形并没有太
dà biàn huà ér dāng hàn zì jiǎn huà xiě zuò mén hòu mén
大变化。而当汉字简化写作“门”后，“门”
zì yǐ wán quán shī qù le xiàng xíng de yì wèi zài yǐ shàng yǎn biàn
字已完全失去了象形的意味。在以上演变
zhōng mén de zì yì dé dào zhú bù kuò zhǎn lì rú zài
中，“门”的字义得到逐步扩展。例如，在
mén jìng mén dao zhōng zhǐ tú jìng jué qiào zài mén dì mén
“门径、门道”中指途径、诀窍；在“门第、门
fēng zhōng zhǐ jiā zú huò jiā zú de yì zhī tā hái néng zuò liàng
风”中指家族或家族的一支；它还能作量
cí rú yì mén dà pào děng ér yǐ mén zuò piān páng de
词，如“一门大炮”等。而以“门”作偏旁的
zì rú bì kuò děng qí zì yì zé duō yǔ mén yǒu guān
字如“闭、阔”等，其字义则多与门有关。

mén zì de yǎn biàn
【“门”字的演变】

甲骨文　金文　小篆　隶书　简体字

yīng yǔ yì diǎn tōng
【英语一点通】

“门”的英文有 gate，一般指“大门、围墙门”，如“校门”即为 school gate。当“门”指家、屋子、衣柜等较小的门时，英文用 door，比如我们常说的“关门”即为 close the door。小朋友可以用顺口溜“大门 gate、小门 door”来记忆。

cí yǔ jù bǎo pén
【词语聚宝盆】

mén tíng ruò shì chū zì zhàn guó cè zhǐ mén kǒu tíng
“门庭若市”出自《战国策》，指门口、庭
yuàn lǐ rè nao de xiàng jí shì yí yàng xíng róng jiāo jì lái wǎng
院里热闹得像集市一样，形容交际来往
de rén hěn duō lì rú zhè jiā gāng kāi yè de shāng chǎng mén
的人很多。例如，这家刚开业的商场门
tíng ruò shì shēng yi hěn hǎo mén tíng ruò shì de jìn yì cí
庭若市，生意很好。“门庭若市”的近义词
yǒu chē mǎ yíng mén děng fǎn yì cí yǒu mén kě luó què
有“车马盈门”等，反义词有“门可罗雀、
mén tíng lěng luò děng
门庭冷落”等。

开

如果小朋友对比“开”的繁体字形“開”，就会发现“开”原来是与“門”相关的一个字。古文的“开”为内外结构：两边是两扇门，中间一横是门闩，下面是一双手，多形会意，表示两手打开门闩之意，也即“开”的本义为开门。小篆时，字形内部的门闩及双手之形合为一体，并演变为“开”。隶书承袭古文，写作“開”。随着汉字的演变，字形中的“門”被摒弃，整个字由部分字形来表示，即字形演变为“开”。除本义开门外，“开”还有很多引申义，如在“开释”中指解除；在“开票”中指书写、填写；在“开演、开业”中指开始、开端；等等。

kāi zì de yǎn biàn
【“开”字的演变】

金文　　小篆　　隶书　　简体字

yīng yǔ yì diǎn tōng
【英语一点通】

“开”的英文有 turn on 和 open。两者区别在于：turn on 指打开某种电器如电灯、电视等的开关，而 open 指用手或某工具打开除电器之外的东西。例如，“开灯”即为 turn on the light，“开窗”为 open the window，“开锁”为 open a lock 等。

kě ài de zǔ guó
【可爱的祖国】

zhōng huá rén mín gòng hé guó kāi guó dà diǎn shì zhǐ nián
中华人民共和国开国大典是指 1949 年
yuè rì zài běi jīng wèi zhōng huá rén mín gòng hé guó zhōng yāng
10 月 1 日在北京为中华人民共和国中央
rén mín zhèng fǔ chéng lì ér jǔ xíng de yí shì shì zhōng huá rén
人民政府成立而举行的仪式，是中华人
mín gòng hé guó chéng lì de biāo zhì dàng tiān máo zé dōng zhǔ
民共和国成立的标志。当天，毛泽东主
xí zài tiān ān mén chéng lóu shàng xuān gào zhōng huá rén mín gòng hé
席在天安门城楼上宣告中华人民共和
guó zhōng yāng rén mín zhèng fǔ chéng lì bìng qīn shǒu àn dòng diàn
国中央人民政府成立，并亲手按动电
niǔ shēng qǐ xīn zhōng guó dì yī miàn wǔ xīng hóng qí
钮，升起新中国第一面五星红旗。

关

“关”字的形成及演变与“开”字相似，都是最初以“門”会意，但最终又弃“門”不用的一个过程。金文的“关”也是内外结构：两边代表两扇门，中间两竖线是木棍，竖线上的点表示门上的环状物，多形会意，指通过环状物将木棍插入地下，使门关闭之意，也即“关”的本义为关门，与“开”相对。到小篆，字形变得复杂：环状物增加，底下还多了表示钩状物的短横，意思是为了将门关紧，还可以在钩状物上插入类似门闩的横木。隶书承袭小篆，写作“**關**”，同时又将“关”演变为义从“門”、声从“丱”的形声字。汉字简化后，字形中的“門”被去掉，整个字便演变为今天所用的“关”。

guān zì de yǎn biàn
【“关”字的演变】

金文　小篆　隶书　简体字

yīng yǔ yì diǎn tōng
【英语一点通】

与“关”对应的英文有 close 和 shut。但是，close 主要指“关闭、停止、结束或封闭”商店、工厂、门窗、会议等，而 shut 主要指“关闭”门窗或“合上”书本、伞等。例如，“The store is closed today.”意为“商店今天停业”，而“She shut the door behind her.”则指“她随后关上了门”。

xiǎo péng you bèi shī cí
【小朋友背诗词】

liáng zhōu cí
凉州词

táng　wáng zhī huàn
〔唐〕王之涣

huáng hé yuǎn shàng bái yún jiān　yí piàn gū chéng wàn rèn shān
黄河远上白云间，一片孤城万仞山。

qiāng dí hé xū yuàn yáng liǔ　chūn fēng bú dù yù mén guān
羌笛何须怨杨柳，春风不度玉门关。

（**注释**　万仞：一仞为八尺，万仞是形容山很高的意思。羌笛：古代羌人所制的一种管乐器，有两个孔。杨柳：这里指《折杨柳》曲，是一种哀怨的曲调。玉门关：关口名，在今甘肃敦煌西南，是古代通西域的要道。）